COMMENTAIRE

SUR

LE CID.

COMMENTAIRE

SUR

LE CID,

TRAGI-COMÉDIE DE PIERRE CORNEILLE,

Par M. WALRAS,

PROFESSEUR DE PHILOSOPHIE AU COLLÈGE ROYAL DE CAEN.

Caen,
IMPRIMERIE DE A. HARDEL,
Rue Froide, 2.

1843.

AVERTISSEMENT.

Depuis quelques années, l'explication des auteurs français marche de pair, dans les examens pour le Baccalauréat ès-lettres, avec la traduction et l'explication des classiques grecs et latins. L'obligation dans laquelle se trouvent aujourd'hui les aspirants au Baccalauréat de répondre sur les chefs-d'œuvre de nos écrivains nationaux, est une des plus heureuses innovations consacrées par le règlement du 14 juillet 1840. Le nombre et la variété des questions que fournissent aux examinateurs des textes si riches et si substantiels, sont faciles à concevoir. Les jeunes gens qui aspirent à soutenir honorablement les épreuves qui leur sont imposées, ne peuvent donc étudier avec trop de soin les ouvrages désignés dans le programme publié par le conseil royal de l'instruction publique. Ils doivent être convaincus d'avance que des réponses précises, des observations judicieuses sur quelques vers de Corneille ou de Racine, sur quelques lignes de Bossuet ou de Montesquieu, donneront aux habiles professeurs qui les interrogent la meilleure idée de leur intelligence, de leur érudition et de leur goût.

Appelé, par la nature même de mes fonctions, à diriger, chaque année, un assez grand nombre de jeunes gens dans ces études si fructueuses et si intéressantes par elles-mêmes, j'ai dû relire avec la plus scrupuleuse attention le plupart de ces ouvrages sur l'étude desquels se fondera toujours, dans notre heureuse patrie, une bonne éducation littéraire. Le *Cid* de Pierre Corneille est un de ces chefs-d'œuvre qui intéresseront toujours au plus haut point ceux qui seront jaloux de conserver et de propager le goût d'une saine littérature. Par l'importance historique qui s'attache à ce monument, par la difficulté réelle qu'il présente pour être bien compris, par le nombre et la célébrité des travaux dont il a été déjà l'objet, le drame de Corneille est une œuvre à part. Animé par le désir d'être utile à mes jeunes élèves, j'ai fait de cette pièce une étude approfondie. Après avoir jeté sur le papier quelques-unes des réflexions grammaticales, littéraires et philosophiques qu'inspire cette étude, je cède aujourd'hui au besoin de soumettre ces réflexions au jugement et à l'appréciation du public, de mes amis, et par dessus tout à la critique éclairée et bienveillante de mes chers et savants collègues, et de tous ceux qui partagent avec nous l'honorable fardeau de l'enseignement universitaire.

Il était plus facile de s'étendre que de se restreindre en un sujet pareil; et, malgré les efforts que j'ai faits pour me renfermer dans de certaines limites, je crains bien d'avoir dépassé les bornes que semblait m'imposer un travail de ce genre. La classe et la situation des esprits auxquels il s'adresse spécialement, ont rendu nécessaire un assez grand nombre d'observations qui pourront paraître superflues à des lecteurs placés dans des circonstances différentes. D'un autre côté, le désir d'approfondir certaines questions m'a peut-être entraîné, malgré moi, hors du cercle dans lequel doivent s'agiter les jeunes intelligences qui n'ont pour toute ambition que d'arriver au grade de bachelier ès-lettres. Il y avait sans doute une juste mesure à tenir entre plusieurs sortes d'excès. Il est plus que probable que je ne l'aurai pas toujours gardée avec assez de soin.

Je n'ai pas cru qu'il fût nécessaire de publier le texte du *Cid*. La pièce est entre les mains de tout le monde, et les jeunes gens qui ont fait des études sérieuses en savent par cœur les plus belles scènes. Je me suis contenté de reproduire, d'après les meilleures éditions, les vers sur lesquels j'avais une remarque à faire. Ces citations sont assez nombreuses pour que mes observations présentent une suite et un enchaînement qui les rendent intelligibles. D'ailleurs le commentaire est précédé d'une analyse très-détaillée de la pièce. Cette analyse qui suit le drame, acte par acte et scène par scène, fournira toujours au lecteur le moyen de se remettre sous les yeux la marche du poème, le développement de l'action, ainsi que le caractère et le rôle de chaque personnage.

J'avais eu d'abord le projet de compléter cette publication par un essai historique sur le *Cid*, et par une appréciation critique des différents poèmes qui ont exploité les traditions relatives à cet illustre castillan. La vie de *Rodrigue de Bivar*, surnommé le *Cid*, surnommé aussi le *Batailleur*, a largement défrayé la poésie moderne. Son duel avec le comte de Gormas, et son mariage avec Chimène sont célèbres dans les annales espagnoles. Ces événements, vrais ou supposés, sont devenus la base d'un triple travail poétique qui se rapporte à des époques et à des pays divers. Les *romances* espagnoles du XIVe. siècle, la pièce de *Guilhem de Castro* et le drame de *Pierre Corneille*, présentent des analogies et des différences qu'il est au moins curieux de signaler. Cette comparaison peut fournir la matière d'un travail intéressant et instructif.

Mais une dissertation de cette nature aurait dépassé le but que je me suis proposé, en rédigeant ce commentaire. Elle aurait eu d'ailleurs l'inconvénient de grossir une publication déjà assez volumineuse.

Qu'on ne se figure pas que le travail que je publie aujourd'hui me satisfasse complètement. Je suis loin de me faire illusion sur la plupart des imperfections qu'il présente ; et je compte sur l'obligeance de mes amis pour me signaler celles qui m'auraient échappé. C'est donc ici, en quelque sorte, une première esquisse qui n'attend, pour être retouchée, que les conseils éclairés et les avertissements salutaires de ceux qui ont le droit de la juger. Ma principale intention, en la publiant, a été de connaître, par suite de l'examen attentif que je sollicite, si c'est ainsi qu'on doit entendre l'explication et la critique des textes sur lesquels les élèves de nos colléges sont appelés à répondre. Si l'on pense que ce travail, en recevant les améliorations dont il est susceptible, puisse acquérir un certain degré d'utilité réelle, je serai largement payé de mes premiers efforts.

A. WALRAS.

Caen, ce 10 avril 1843.

Les personnages qui figurent dans la pièce de Corneille sont :

Don FERNAND, premier roi de Castille.
Dona URRAQUE, infante de Castille.
Don DIÈGUE, père de Don Rodrigue.
Don GOMÈS, comte de Gormas, père de Chimène.
CHIMÈNE, fille de Don Gomès.
Don RODRIGUE, fils de Don Diègue, et amant de Chimène.
Don SANCHE, amoureux de Chimène.
Don ARIAS,
Don ALONSE, } gentilshommes castillans.
LÉONOR, gouvernante de l'infante.
ELVIRE, gouvernante de Chimène.
Un page de l'infante.

La scène est à Séville. Les événements qui font le sujet du drame, se rapportent à la dernière moitié du XIe. siècle.
La pièce de Corneille est de 1636.

ANALYSE DE LA PIÈCE.

ACTE PREMIER.

SCENE I. Chimène interroge Elvire, sa gouvernante, sur les résultats d'un entretien que celle-ci a eu avec le comte de Gormas. La réponse d'Elvire nous fait connaître les faits suivants. Don Rodrigue, fils de Don Diègue, et Don Sanche sont tous les deux épris de Dona Chimène. Chimène aime Rodrigue. Le comte estime également Don Rodrigue et Don Sanche, et ne désapprouverait point l'inclination de sa fille pour l'un ou pour l'autre de ces deux jeunes gentilshommes. Don Rodrigue surtout lui paraît digne de fixer son choix, tant par la noblesse de son origine que par sa bravoure personnelle. Don Diègue, instruit de la passion de son fils pour Dona Chimène, se propose de demander au comte la main de sa fille pour Rodrigue. Cette demande sera faite à la suite d'un conseil qui doit se tenir chez le roi, et qui a pour but de choisir un gouverneur pour l'infant de Castille. Le comte de Gormas se flatte d'être élevé à ce poste important. Toutes ces circonstances paraissent à Elvire de très-bon augure. Chimène n'en juge pas aussi favorablement; et, plus elle désire d'être unie à Rodrigue, plus elle redoute que quelque obstacle imprévu ne vienne déconcerter ses espérances.

SCENE II. Chimène et Elvire ont à peine quitté la scène, que l'infante Doña Urraque arrive suivie de sa gouvernante et de son page. L'infante envoie le page auprès de Chimène pour se plaindre du retard que celle-ci met à venir la voir.

SCENE III. L'infante restée seule avec sa gouvernante, lui apprend que si elle s'intéresse à la passion de Chimène pour Rodrigue, et au succès de son mariage avec ce jeune cavalier, c'est que cette passion est son ouvrage, et que ce mariage est nécessaire à sa tranquillité. C'est elle qui a rapproché Chimène de Rodrigue, et qui les a poussés à soupirer l'un pour l'autre. La raison de cette conduite, c'est que l'infante elle-même aime Rodrigue; mais comme elle craint de déroger en s'attachant à un simple gentilhomme, elle n'a pas trouvé de meilleur moyen de résister à sa passion que de faire épouser Rodrigue à Chimène. Si ce mariage s'accomplit, elle se croira à l'abri de tout danger. Et cependant sa passion est tellement forte que ce mariage la désespère, et que le sacrifice qu'elle s'impose la fera mourir de douleur.

SCENE IV. Le page vient annoncer à l'infante l'arrivée de Chimène. L'infante envoie sa gouvernante au-devant de Chimène; elle reste seule un moment pour se remettre de son émotion.

SCENE V. L'infante, dans un court monologue, invoque le secours du ciel. Elle demande que le mariage qui doit la guérir d'une passion dont elle rougit s'accomplisse le plus promptement possible. Après quoi, elle se hâte d'aller rejoindre Chimène.

SCENE VI. Le comte de Gormas et Don Diègue sortent du conseil. Contre l'attente du comte, la place de gouverneur de l'infant a été donnée à Don Diègue. Le comte laisse éclater tout son dépit. Don Diègue essaye de le calmer. Après quelques paroles conciliantes, il demande pour son fils la main de Dona Chimène. Le comte repousse cette proposition par une réponse ironique, et revient au sujet qui le préoccupe. Il n'oublie rien pour faire sentir à Don Diègue sa supériorité sur lui. La querelle se prolonge et s'envenime. Le comte, parvenu au comble de l'exaspération, s'oublie jusqu'à donner un soufflet à Don Diègue. Le malheureux vieillard met l'épée à la main. En un clin-d'œil il est désarmé. Le comte refuse de verser le sang de son adversaire, et sort en l'accablant de son dédain.

SCENE VII. Don Diègue s'abandonne aux réflexions les plus douloureuses. Il gémit sur l'affront qu'il vient de recevoir. Il déplore l'impuissance à laquelle son âge le réduit; mais il ne renonce pas à sa vengeance. Il a un fils. L'affront fait à son père doit le toucher. Il faut que Rodrigue se dévoue à venger son père, malgré l'amour qu'il éprouve pour la fille du Comte.

SCENE VIII. Don Diègue fait part à son fils de l'affront qu'il vient de recevoir. Rodrigue accueille cette communication avec toute la susceptibilité naturelle à son âge et à un homme de son siècle. Les exhortations de son père ne font qu'irriter son impatience. Il demande le nom de son adversaire. Don Diègue lui nomme le père de Chimène. Rodrigue est anéanti. Le vieillard le prémunit contre l'effet de sa passion. Il lui souffle le feu de la vengeance, et se retire pour cacher sa honte.

SCENE IX. Rodrigue se livre à toute sa douleur. Il déplore la rigueur de sa situation. Il se sent étrangement combattu entre le soin de son honneur et l'intérêt de son amour. Après quelques moments d'indécision et de perplexité, il semble pencher du côté de Chimène. Il paraît se résoudre à se laisser tuer plutôt que d'offenser sa maîtresse. Mais il revient bientôt à d'autres émotions. Le sentiment de l'honneur l'emporte sur son amour, et il se décide à venger son père.

ACTE SECOND.

SCENE I. Don Arias vient trouver le Comte de la part du Roi. Il lui annonce que Don Fernand est vivement blessé de l'affront fait à Don Diègue, et qu'il exige pour celui-ci une réparation éclatante. Le Comte convient qu'il a agi avec une certaine précipitation ; mais il se refuse à toute satisfaction. Don Arias lui représente tout le danger qu'il y a pour lui à désobéir au Roi. Le Comte ne croit pas à la réalité de ce danger. Il se considère comme un personnage trop important pour que le courroux du Roi puisse l'atteindre. Don Arias insiste vainement auprès de lui. Il ne peut en obtenir une réponse satisfaisante.

SCENE II. Don Arias est à peine sorti que le Comte est abordé par Don Rodrigue. Celui-ci l'interpelle vivement, et le provoque en duel. Le Comte rejette cette proposition avec toute la hauteur et tout le dédain qu'on lui connaît. Rodrigue insiste et fait preuve d'une grande résolution. Le Comte est touché, malgré lui, de la fermeté et du courage de son adversaire. Il continue à repousser la proposition de Rodrigue par des considérations plus généreuses. Rodrigue ne se laisse point ébranler. Il trouve, au contraire, le moyen d'ébranler Don Gomès, en lui demandant s'il a peur de mourir. Cette question détermine le Comte, et ils sortent, Rodrigue et lui, pour aller se battre.

SCENE III. Chimène est auprès de l'Infante qui fait tout ce qu'elle peut pour rassurer la fille de Don Gomès sur les conséquences probables de l'outrage que celui-ci a fait à Don Diègue. Chimène ne partage pas la confiance de l'Infante. Elle connaît trop bien les mœurs de son siècle, pour supposer que cette malheureuse affaire puisse s'arranger sans effusion de sang. La vieillesse de Don Diègue n'est point un obstacle au combat, quand on pense au courage de Rodrigue. L'amour de Rodrigue pour Chimène ne lui fera point oublier ce qu'il doit à son père. Il y a plus ; Chimène ne verrait pas sans regret que, par affection pour elle, il négligeât de venger son honneur. L'Infante ne trouve d'autre expédient, pour tranquilliser Chimène, que le moyen un peu bizarre de faire appeler Rodrigue auprès d'elle, et de l'y retenir prisonnier.

SCENE IV. L'Infante ordonne à son page d'aller chercher Rodrigue et de l'amener auprès d'elle. Le page répond que Rodrigue est sorti du palais avec le comte de Gormas. Ils sont même sortis en se querellant. Chimène conclut de là qu'ils en sont aux mains ; elle se hâte de courir sur leurs traces.

SCENE V. Dona Urraque, restée avec sa gouvernante, fait un retour sur sa propre situation. Ce qui va séparer Rodrigue de Chimène rallume son amour pour le fils de Don Diègue. Si Rodrigue se trouve dans l'impossibilité d'épouser Chimène, elle pourra l'aimer encore, et qui sait ? peut-être pourra-t-elle nourrir l'espoir de l'épouser. Si Rodrigue fait tant que de vaincre le Comte, cette victoire le placera au rang des plus braves guerriers. D'autres victoires, plus importantes et non moins glorieuses, pourront combler la distance qui le sépare de la fille de son souverain. La confidente fait observer à sa maîtresse que son imagination marche un peu vite. La princesse convient qu'elle s'égare ; mais la faute en est à la passion qui la domine. Elle rentre dans son appartement pour faire place à d'autres personnages.

SCENE VI. Don Arias rend compte au Roi de la démarche inutile qu'il vient de faire auprès de Don Gomès. Le Roi se montre très-offensé de la désobéissance du Comte. Il annonce qu'il saura bien le faire plier, et il donne à Don Alonse l'ordre d'aller s'assurer de sa personne.

SCENE VII. Don Sanche, qui aspire aussi à la main de Chimène, essaye de justifier le Comte. Le Roi, peu disposé à endurer la contradiction, impose silence à Don Sanche. Celui-ci ne se rebute point; après en avoir demandé et obtenu la permission, il continue à présenter la défense de Don Gomès. Il demande qu'on oblige le Comte à réparer, les armes à la main, l'affront qu'il a fait à Don Diègue, et il s'offre à répondre pour lui. Le Roi repousse cette proposition qui lui paraît même peu respectueuse. Il ne veut pas ordonner un duel. Le Comte ne se serait pas déshonoré en accordant une réparation demandée par le Roi, qui se trouve personnellement offensé par sa conduite. Don Fernand, passant alors à un autre sujet, apprend à ses courtisans qu'on a vu dix vaisseaux ennemis vers l'embouchure du Guadalquivir, et que les Maures paraissent vouloir tenter une descente. Don Arias cherche à rassurer le Roi en mettant en avant la faiblesse de ses ennemis. Le Roi fait observer, avec raison, qu'une confiance excessive est souvent dangereuse. Cependant il ne veut pas qu'on jette inutilement l'alarme dans la ville, et il commande qu'on se borne à doubler la garde sur les murs et sur le port.

SCENE VIII. Don Alonse, envoyé par le Roi pour arrêter le Comte de Gormas, rentre et apporte la nouvelle que le Comte est mort, et que c'est Rodrigue qui l'a tué. Cette nouvelle ne surprend point le Roi qui, connaissant l'affront fait à Don Diègue, s'attendait à une vengeance, et qui se rend ce témoignage qu'il a fait ce qui dépendait de lui pour prévenir cette catastrophe. Don Alonse ajoute que Chimène vient demander justice à Don Fernand. Le Roi répond que le châtiment du Comte lui paraît juste et mérité; cependant, il avoue que la mort du Comte est une perte considérable pour lui.

SCENE IX. Chimène se jette aux pieds du Roi dont elle implore la justice. Elle est suivie de Don Diègue qui invoque aussi la justice du souverain, et qui soutient avec chaleur que sa vengeance a été légitime. Le Roi ordonne aux deux contendants de se relever et de parler chacun à son tour. Il donne d'abord la parole à Chimène, et promet à Don Diègue qu'il l'écoutera ensuite. Chimène fait un tableau animé de la mort de son père, et semble tomber en défaillance au milieu de ce récit. Le Roi la rassure ; il lui promet qu'il lui tiendra lieu de père. Chimène parle du devoir que lui impose la mort de son père ; elle demande qu'on punisse son meurtrier. Elle semble défendre la cause du Roi plutôt que la sienne propre, et c'est au nom de l'intérêt public qu'elle demande la mort de Rodrigue. Don Diègue prend la parole à son tour. Il exprime avec la plus vive énergie la gravité de l'outrage dont il a été victime. Il présente avec beaucoup de force la défense de son fils. Il prend sur lui toute la responsabilité de la mort du Comte, et demande à être puni, si tant est que quelqu'un ait mérité de l'être. Le Roi ne se prononce pas. Il déclare que l'affaire sera soumise au conseil. En attendant, il ordonne à Don Sanche de reconduire Chimène chez elle, et il retient Don Diègue prisonnier dans son palais.

ACTE TROISIÈME.

SCENE I. Rodrigue, après avoir tué le comte, se hâte de venir trouver Chimène. Il est reçu par Elvire qui se montre fort étonnée de le voir paraître dans la maison de sa victime. Rodrigue lui expose qu'il ne pouvait pas se dispenser de tuer le comte. Il lui annonce qu'il vient se mettre à la disposition de Chimène, et lui offrir sa tête. Elvire l'engage à se retirer. Rodrigue insiste pour voir Chimène, et pour obtenir d'elle qu'elle l'immole à sa vengeance. Elvire lui apprend que Chimène est au palais, et qu'elle n'en reviendra que bien accompagnée. Elle invite de nouveau Rodrigue à se retirer; mais, en voyant revenir sa maîtresse, elle conjure Rodrigue de se cacher. Celui-ci obéit à l'invitation d'Elvire, et se cache derrière une tapisserie.

SCENE II. Chimène rentre chez elle, accompagnée de Don Sanche. Le jeune Castillan ne manque pas d'approuver et d'encourager le ressentiment de Chimène contre le meurtrier de son père. Il lui offre de provoquer Rodrigue en duel, et de la venger par les armes. Cette proposition, qui paraît jurer avec les desirs secrets de Chimène, arrache à celle-ci une exclamation de douleur dont le rival de Rodrigue ne paraît pas saisir le véritable sens. Il insiste pour que Chimène accepte sa proposition. Chimène se rejette sur la crainte d'offenser le roi. Don Sanche lui représente combien le cours de la justice est lent et incertain. Chimène, pour se débarrasser de lui, lui promet d'employer son épée, si elle se voit réduite à en venir là. Satisfait de cette promesse, Don Sanche se retire.

SCENE III. Restée seule avec sa confidente, Chimène laisse éclater toute sa douleur. Elle ouvre son cœur à Elvire. Son père est mort, et cette mort est le premier exploit de Rodrigue. Cette cruelle catastrophe lui arrache les plaintes les plus amères. Ce qui met le comble à son malheur, c'est qu'elle adore celui qu'elle se croit obligée de poursuivre. Quelque juste ressentiment qu'elle ait conçu contre le meurtrier de son père, elle ne peut s'empêcher de retrouver en lui l'objet de son amour. Cependant Chimène veut triompher de sa passion; elle n'hésitera pas, dit-elle, à suivre son devoir. Elle poursuivra Rodrigue, quoique sa perte soit attachée à celle de son amant. Elle vengera son père, et sauvera ainsi sa propre renommée. Elle aime Rodrigue, cela est vrai; mais, pour conserver sa réputation, et pour mettre un terme à sa douleur, elle le poursuivra, elle le fera mourir, et périra après lui.

SCENE IV. Aux derniers mots prononcés par Chimène, Rodrigue sort de l'endroit où il était caché, et invite sa maîtresse à le tuer. La présence de Rodrigue cause à Chimène une surprise et une émotion faciles à concevoir. Rodrigue lui offre son épée. Chimène la repousse par le motif qu'elle est encore teinte du sang de son père. Elle conjure Rodrigue d'ôter ce cruel instrument de devant ses yeux. Rodrigue défère à cette invitation; mais il insiste pour que Chimène venge son père, en le frappant. Il lui représente que le comte de Gormas avait fait à Don Diègue un outrage irréparable; que l'affront fait au père retombait sur le fils; qu'il n'a pas pu se dispenser de laver son injure dans le sang de son ennemi. Et cependant telle est la force de la passion qu'il éprouve pour Chimène, qu'il a long-temps balancé entre son amour et son honneur. Mais il a reconnu qu'un homme déshonoré ne pourrait plus plaire à Chimène, et que, pour rester digne d'elle, il devait rester digne de lui-même. Au reste il ne veut point dérober à Chimène la vengeance à laquelle elle peut avoir droit. Il n'est venu chez elle que pour se mettre à sa disposition, et pour expier par sa mort le tort qu'il lui a fait. Il l'invite donc à faire pour son père ce qu'il a fait pour le sien. Chimène comprend la justification de Rodrigue; elle reconnaît qu'il a agi en bon gentilhomme. Et cependant, elle croit aussi avoir un devoir à remplir. Elle doit venger son père, comme Rodrigue a vengé le sien. C'est pour elle un grand sujet de douleur, mais elle soutiendra sa gloire. Rodrigue s'est montré digne de Chimène, en immolant le comte; elle se rendra digne de Rodrigue, en poursuivant sa tête et en demandant sa mort. Rodrigue ne combat point la résolution de Chimène; au contraire, il l'engage à venger son père sur-le-champ; il se trouvera très-heureux de mourir de la main de sa maîtresse. Chimène recule devant une pareille proposition. Elle veut bien venger son père; mais elle ne veut pas poignarder son amant. Rodrigue employe toutes sortes de raisons pour l'engager à ne pas différer sa vengeance. Chimène répond à tout avec une admirable présence d'esprit. Enfin elle presse Rodrigue de sortir de chez elle. Rodrigue insiste vainement pour se faire tuer. Chimène avoue que, tout en le poursuivant, elle fera des vœux pour que sa poursuite n'ait aucun succès. Les deux amants échangent encore quelques soupirs, et quelques réflexions douloureuses; après quoi, Rodrigue se retire, en protestant qu'il va attendre comme un bienfait la mort dont sa maîtresse l'a menacé. Chimène assure, de son côté, qu'elle ne survivra point à son amant.

SCENE V. Don Diègue n'a pas revu son fils, depuis la mort du comte. Il le cherche partout dans les rues de Séville. Il se livre aux réflexions les plus douloureuses. Le bon vieillard redoute quelque catastrophe. Rodrigue aura été tué par les amis du comte, ou bien il sera retenu en prison. Tout-à-coup il croit l'apercevoir; ses craintes se dissipent et font place à la joie la plus vive.

SCENE VI. Rodrigue en sortant de chez Chimène, rencontre son père dans la rue. Celui-ci se hâte de le complimenter et d'exalter sa bravoure. Il lui prodigue les noms les plus tendres, et l'invite à baiser sa joue. Rodrigue fait honneur à son père de la bravoure qu'il a déployée et du succès qu'il a obtenu. Il se félicite d'avoir servi son père et d'avoir mérité son approbation ; mais il exhale ses regrets sur la grandeur du sacrifice qu'il a dû s'imposer pour venger son père. La violence de son désespoir lui arrache quelques paroles un peu dures. Don Diègue, loin de s'en offenser, y trouve une nouvelle occasion de vanter son fils et de lui témoigner sa reconnaissance. Ensuite il essaye de le consoler en lui représentant qu'il est facile de remplacer une maîtresse, mais que l'honneur ne se remplace point. Rodrigue proteste de son invincible attachement pour Chimène, et déclare qu'il n'y a plus de soulagement pour lui que dans la mort. Don Diègue l'encourage, et lui représente fort à propos qu'il n'est pas encore temps pour lui de mourir, que son pays et son prince ont besoin de lui. Il lui apprend que la flotte des Maures est entrée dans le Guadalquivir, que l'ennemi se dispose à faire une descente, que l'alarme est dans toute la ville. Il lui annonce en même temps qu'il a trouvé chez lui cinq cents gentilshommes de ses amis qui, ayant appris son malheur, sont venus s'offrir à punir le comte de Gormas. Don Diègue presse son fils de se mettre à la tête de ces braves gentilshommes, et d'aller repousser les Maures. Il lui fait entendre qu'une victoire éclatante est le meilleur moyen de faire sa paix avec le roi, et même d'obtenir le pardon de Chimène. Sans lui donner le temps de répliquer, il l'entraîne avec lui.

ACTE QUATRIÈME.

SCENE I. Chimène recueille de la bouche d'Elvire les bruits qui se répandent dans la ville au sujet de la victoire que Rodrigue a remportée sur les Maures, pendant la nuit. On s'est battu trois heures. La victoire a été complète du côté des Castillans. Deux rois ennemis ont été faits prisonniers. Tout cela est l'ouvrage de Rodrigue que le peuple appelle son libérateur. Rodrigue n'ose pas paraître encore devant le roi; mais Don Diègue est occupé à lui rendre compte de la victoire de son fils, et à lui présenter les captifs. Rodrigue est-il blessé ? On n'en sait rien. Toutes ces nouvelles agissent puissamment sur l'esprit et le cœur de Chimène. Elle se reproche l'intérêt qu'elle éprouve pour Rodrigue, et la joie que son triomphe lui inspire. Elle se remet devant les yeux que Rodrigue a tué son père. Elle s'excite à le poursuivre sans relâche et à comprimer sa passion pour lui.

SCENE II. L'infante se présente chez Chimène. Elle vient la consoler, ou, pour mieux dire, elle vient pleurer avec elle. Chimène ne veut pas qu'on s'afflige de son malheur. Elle veut qu'on se réjouisse de la victoire remportée par Rodrigue. Elle n'oublie rien pour mettre en relief le mérite de son amant, en même temps qu'elle laisse éclater son déplaisir à la vue de l'obstacle qui la sépare de Rodrigue. Elle convient qu'elle l'aime d'autant plus qu'elle le voit grandir en mérite et en importance. Cependant elle affirme que son devoir sera plus fort que son amour, et qu'elle ne cessera point de poursuivre sa mort. L'infante lui représente ce qu'il y a de cruel et d'injuste dans cette résolution. Rodrigue est maintenant l'appui de la Castille. Il a remplacé le comte de Gormas. Chimène ne peut plus le poursuivre sans déclarer la guerre à son pays. Que Chimène lui ôte son amour, qu'elle refuse de l'épouser, cela se conçoit; mais que du moins elle le laisse vivre. Chimène reste insensible à ces considérations. L'infante lui représente que le roi ne se montrera pas favorable à sa demande. Chimène persiste à implorer Don Fernand contre le meurtrier de son père.

SCENE III. Le Roi reçoit Rodrigue dans son palais. Il le félicite de sa victoire, et lui en témoigne toute sa reconnaissance. Il lui confirme le titre de *Cid* que les rois Maures lui ont donné en sa présence. Rodrigue se défend avec modestie. Il affirme qu'il n'a fait que son devoir. Sans contester ce dernier point, le Roi fait observer que tout le monde ne s'acquitte pas de son devoir avec le même zèle et le même succès. Rodrigue doit donc souffrir qu'on le loue. Le Roi lui demande un récit détaillé de sa victoire. Rodrigue explique d'abord dans quelles circonstances il s'est trouvé conduit à employer contre les Maures les gentilshommes qui s'étaient réunis chez son père. Il s'excuse de les avoir conduits à l'ennemi sans la permission du Roi; mais le péril était pressant. D'ailleurs, la mort du Comte empêchait Rodrigue de paraître à la cour, et, puisqu'il y allait de sa vie, il aimait mieux mourir en combattant pour le salut de son prince que de perdre la vie en criminel. Le Roi pardonne à Rodrigue son duel avec le Comte. Il lui donne à entendre qu'il n'a encouru aucun châtiment pour ce délit. Il lui promet de ne plus écouter les plaintes de Chimène. Rodrigue reprend alors la parole pour faire le récit du combat. Ce récit qu'il est inutile d'analyser ici remplit la fin de cette scène.

SCENE IV. Rodrigue achève à peine son récit que Chimène se présente au palais. Elle vient de nouveau demander justice au Roi. Don Fernand laisse percer son mécontentement. Cependant il se croit obligé de la recevoir. Il se hâte donc de faire sortir Rodrigue ; mais avant de le congédier, il l'embrasse en signe de reconnaissance et d'affection. Don Diègue fait observer au Roi que, quoique Chimène poursuive Rodrigue, elle voudrait pourtant bien le sauver. Le Roi, de son côté, a appris que Chimène aimait Rodrigue. Il forme le projet de s'en assurer, et, sans attendre les premières paroles de Chimène, il met son projet à exécution.

SCÈNE V. Chimène est à peine devant le Roi que celui-ci lui annonce qu'elle est vengée. Rodrigue a triomphé des Maures ; mais il a reçu de nombreuses blessures qui ont occasionné sa mort. A cette nouvelle Chimène pâlit et semble près de défaillir. Don Diègue se hâte de faire remarquer au Roi cette défaillance, et de la signaler comme une preuve de la passion de Chimène pour Rodrigue. Le Roi convaincu que c'est bien là le véritable motif du trouble de Chimène, la rassure à l'instant même, et lui apprend que Rodrigue respire, et qu'il n'a pas cessé de l'aimer. Chimène, fort embarrassée de sa contenance, répond que le plaisir peut nous troubler autant que la douleur. Elle veut donner à entendre que si elle a été vivement émue, c'est par suite du plaisir qu'elle a ressenti en apprenant la mort de Rodrigue. Le Roi n'accepte pas cette explication ; il persiste à croire que c'est la douleur qui a fait que Chimène s'est pâmée. Chimène convient alors que c'est effectivement la douleur qui l'a si prodigieusement émue ; mais c'est une autre douleur que celle qu'on suppose. C'est la douleur de voir que la mort de Rodrigue le dérobait à sa vengeance. Elle veut bien sa mort ; mais elle est loin de lui souhaiter une mort glorieuse : elle veut le voir périr sur un échafaud. Elle se réjouit de sa victoire, en ce sens que cela lui promet une victime plus illustre et plus digne de son père. Au reste, elle ne se dissimule point qu'elle aura beaucoup de peine à obtenir ce qu'elle demande. Rodrigue est devenu trop précieux et trop nécessaire à l'État, pour qu'on veuille le lui sacrifier. Toute la Castille est désormais pour lui un lieu d'asile inviolable. Chimène est destinée à suivre son char de triomphe à côté des rois Maures qu'il a vaincus. Le Roi répond à Chimène que les transports qu'elle fait paraître accusent trop de violence. Il lui représente que si son père a été tué, ç'a été dans un combat que sa propre conduite avait rendu nécessaire : il était l'agresseur. D'ailleurs elle aime Rodrigue; elle ne peut en disconvenir ; et sans doute qu'elle rend grâce, au fond de son cœur, à l'équité du Roi qui lui conserve son amant. Cette dernière observation, loin de calmer Chimène, ne fait que l'irriter davantage, et la pousse aux dernières extrémités. Déterminée à dissimuler sa passion et à sauver sa renommée, quelque cruel que soit le devoir qu'elle s'impose, elle demande contre Rodrigue le combat singulier; elle sollicite du Roi la permission de l'appeler en champ clos; elle promet sa main au cavalier qui lui apportera la tête de Rodrigue. Le Roi résiste à cette demande : il ne veut pas consentir à exposer Rodrigue. Don Diègue repousse la bienveillance dont son fils est l'objet. Il ne veut pas d'une faveur qui ternirait sa gloire. Rodrigue s'est conduit en brave gentilhomme ; il doit maintenir la loyauté de sa conduite. Vaincu par les mœurs de son siècle et par l'accord des deux parties, le Roi permet le combat singulier; mais il ne veut pas que Rodrigue entre dans la lice plus d'une fois. Don Diègue insiste encore pour qu'on ne limite pas le nombre des assaillants. Il paraît croire que personne n'osera se mesurer avec Rodrigue. Mais Don Sanche prend la parole, et il réclame fort à propos l'exécution de la promesse que Chimène lui a déjà faite. Chimène se trouve conduite à prendre Don Sanche pour son champion. Le Roi voudrait renvoyer le combat au lendemain. Don Diègue veut que le combat ait lieu le jour même. Le Roi impose quelques heures de répit, pour que Rodrigue ait le temps de se reposer, et il décide que ce combat, qui lui répugne, ne sera honoré ni de sa présence, ni de celle de sa cour. Il nomme Don Arias pour juge du combat, et il ajoute à la proposition de Chimène, que celle-ci donnera sa main au vainqueur, quel qu'il soit. C'est en vain que Chimène veut se récrier contre la déclaration du Roi. Don Fernand affirme que sa loi est très-douce, et que, si Rodrigue est vainqueur, Chimène sera bien aise de s'y soumettre.

ACTE CINQUIÈME.

SCENE I. Chimène, à la vue de Rodrigue qui ose se présenter chez elle, en plein jour, pousse une exclamation de surprise et d'indignation. Elle conjure son amant de se retirer. Rodrigue lui répond qu'il va mourir, et qu'il vient lui dire adieu. Cette nouvelle que Rodrigue va mourir, jette Chimène dans une autre sorte d'étonnement et de terreur. Elle lui demande si Don Sanche est un adversaire assez redoutable pour le faire trembler, lui qui a vaincu Don Gomès et les Maures. Rodrigue lui apprend qu'il court lui-même à son supplice. Ce n'est pas le courage qui lui manque; c'est la volonté de déplaire à Chimène. Il se serait déjà fait tuer par les Maures, s'il n'avait craint de trahir son pays. Maintenant qu'il n'a qu'à s'occuper de lui-même, il est décidé à ne pas refuser à sa maîtresse la satisfaction qu'elle paraît désirer. Puisque c'est au nom de Chimène que Don Sanche va l'attaquer, il ne se défendra pas. La seule chose qu'il regrette, c'est que Chimène n'ait pas voulu lui porter elle-même le coup mortel. Chimène combat la résolution de Rodrigue. Elle taxe d'aveuglement la haute abnégation dont il vient de faire profession. Elle essaie de le fléchir, en le prenant par l'intérêt de sa réputation. Elle lui reproche, en passant, le prix extrême qu'il attache à son honneur, puisqu'il lui a sacrifié sa passion pour Chimène. Elle met en avant la gloire de son père qui souffrira nécessairement quelque échec par la défaite de Rodrigue. Chimène veut que Rodrigue se défende contre la poursuite que son devoir l'oblige à diriger contre lui, et, s'il fait peu de cas de la vie, qu'il soutienne au moins son honneur. Rodrigue réfute les objections de Chimène. Après la mort du comte et la défaite des Maures, sa gloire est parfaitement assurée. Son honneur n'a plus rien à craindre. Il peut se laisser tuer par Don Sanche. On saura que sa mort a été volontaire. On comprendra qu'après avoir sacrifié son amour à son honneur, il a sacrifié sa vie à son amour. Sa mort ne fera donc qu'ajouter à sa gloire, et ce sera encore un honneur pour lui d'avoir procuré à Chimène une satisfaction qu'elle ne pouvait obtenir sans cela. Chimène vaincue dans ce premier débat, emploie de nouvelles et de meilleures raisons. Elle conjure Rodrigue de se défendre, pour l'arracher à la terrible chance qu'elle court de devenir la femme de Don Sanche. Elle lui rappelle que, d'après la déclaration du roi, sa main doit appartenir au vainqueur. Si Rodrigue a jamais aimé Chimène, qu'il sorte donc vainqueur d'un combat dont elle est le prix. Ce dernier mot fait rougir Chimène, et elle se hâte de se retirer pour cacher sa honte.

SCENE II. Rodrigue, resté seul, laisse éclater son enthousiasme. Il défie Navarrais, Maures et Castillans. Encouragé par les dernières paroles de sa maîtresse, il se croit sûr de vaincre une armée entière.

SCENE III. L'infante vient nous confier de nouveau ses douloureuses tergiversations. Elle est toujours partagée entre son amour pour Rodrigue, et le sentiment de ce qu'elle doit à son rang. Elle se plaint de son sort qui la sépare d'un homme si digne de son affection. Mais Rodrigue n'est point indigne d'elle. Quoiqu'il ne soit pas fils de roi, il est destiné à porter une couronne. Il compte déjà des rois parmi ses vassaux. Mais elle l'a donné à Chimène, et le destin qui la persécute a voulu que l'amour subsistât encore entre Chimène et Rodrigue, malgré la catastrophe qui semblait devoir les désunir.

SCENE IV. La gouvernante de la princesse vient la complimenter sur le repos dont elle doit enfin jouir. Sa passion n'a plus de prétexte : elle doit mourir faute d'aliment. Rodrigue se trouve engagé dans un combat tel qu'il y périra, ou qu'il en sortira vainqueur pour épouser Chimène. L'infante semble d'abord former le dessein de lutter contre cet inévitable résultat. Elle parle à sa gouvernante des artifices que la passion inspire aux vrais amants. La gouvernante lui représente qu'elle aura beaucoup de peine à brouiller deux fiancés qu'une catastrophe sanglante n'a pu rendre ennemis. Chimène, dit Léonor, montre clairement que ce n'est point la haine qui lui fait poursuivre Rodrigue. Elle a demandé, il est vrai, un combat singulier contre son amant; mais elle a eu soin de choisir pour son champion un guerrier sans expérience. Sa demande n'a d'autre but que de procurer à Rodrigue une victoire facile qui l'autorise à paraître apaisée et qui l'oblige à lui donner sa main. L'infante trouve que ces réflexions ne manquent pas de justesse, et cependant elle adore Rodrigue, à l'envi de Chimène. Elle ne sait à quoi se résoudre. La gouvernante l'engage à se souvenir de son rang, et à ne point aimer un sujet ; à quoi l'infante répond que ce sujet a bien grandi depuis peu, et qu'il est devenu un vaillant seigneur, le maître de deux rois. Cependant elle est décidée à se vaincre ; elle ne veut point disputer à Chimène un amant qu'elle lui a donné. Elle se prépare donc à renouveler le sacrifice de sa propre passion.

SCENE V. Chimène laisse éclater, devant sa confidente, toutes ses inquiétudes. Elle n'ose former aucun vœu, sans en éprouver sur-le-champ un vif repentir. La position dans laquelle elle s'est mise ne lui présente aucune issue favorable. Quel que soit le succès du combat qu'elle a provoqué, elle ne saurait en être satisfaite. Si Rodrigue triomphe, le comte de Gormas ne sera pas vengé, et si Don Sanche est vainqueur, son amant recevra le coup mortel, outre qu'elle sera réduite à épouser Don Sanche. Elvire essaie de rétorquer le dilemme de Chimène, en lui représentant que, quelle que soit l'issue du combat, son père est satisfait, et qu'elle obtient un époux. Chimène répond avec raison qu'elle aura pour époux ou le meurtrier de son père ou le meurtrier de son amant. Ces deux résultats lui paraissent également redoutables. Elle souhaite donc qu'il n'y ait ni vaincu ni vainqueur. Elvire lui représente que cette chance-là n'est guère plus favorable, puisque, s'il en arrivait ainsi, elle resterait dans la nécessité de poursuivre encore son amant. Il vaut mieux, suivant Elvire, que Rodrigue soit vainqueur, et que Chimène soit forcée à l'épouser. Chimène affirme que la victoire de Rodrigue ne suffira point pour dompter sa résistance, et qu'elle ne se soumettra point à la condition imposée par le roi. Là dessus la confidente se permet de gourmander sa maîtresse. Elle lui dit qu'elle ne mérite point l'amant qu'on lui destine, et que le ciel, pour la punir, va donner la victoire à Don Sanche. Cette perspective effraie Chimène qui se décide à faire des vœux pour Rodrigue, dans la seule crainte de se voir obligée d'épouser Don Sanche. Mais sur ces entrefaites, celui-ci se présente aux yeux de Chimène qui s'imagine, d'après cela, que Don Sanche est vainqueur, et que son sort est décidé.

SCENE VI. Don Sanche apporte son épée aux pieds de Chimène. Celle-ci croyant à la victoire de Don Sanche et à la mort de Rodrigue, accable Don Sanche de reproches, et laisse éclater toute la violence de son amour pour Rodrigue. Don Sanche essaie en vain de la tirer d'erreur. Chimène ne lui donne pas le temps de s'expliquer; elle l'apostrophe de la manière la plus dure et la plus outrageante; elle lui déclare qu'il l'a fort mal servie, et qu'il n'a rien à attendre d'elle. En ce moment le roi arrive chez Chimène, suivi des principaux personnages que nous avons vu figurer dans la pièce.

SCENE VII. Chimène, s'adressant au Roi, avoue qu'il devient inutile de dissimuler plus long-temps. Elle aimait Rodrigue; mais, pour venger son père, elle a cru devoir le proscrire et demander sa mort. Le Roi lui-même a pu juger de la vivacité et de la sincérité de sa poursuite. Maintenant que Rodrigue est mort, toute sa colère est dissipée; elle ne pense plus qu'à son amour. Don Sanche l'a perdue en voulant la servir. Elle prie le Roi de l'affranchir de la promesse imprudente qu'elle a faite, en offrant sa main au meurtrier de Rodrigue. Que Don Sanche prenne tout son bien, pour prix du triste service qu'il lui a rendu, et qu'elle soit libre de se retirer dans un couvent, pour y pleurer jusqu'à la mort son amant et son père. Don Diègue fait observer au Roi que Chimène avoue enfin son amour, et qu'elle ne regarde plus comme un crime de confesser ses véritables sentiments pour Rodrigue. Le Roi se hâte d'annoncer à Chimène que Rodrigue n'est pas mort, et que c'est Don Sanche qui a été vaincu. Don Sanche prend alors la parole pour faire le récit du combat et pour expliquer l'erreur dans laquelle Chimène est tombée. Il fait ressortir la violence avec laquelle la passion de Chimène s'est trahie, et finit par s'applaudir d'une circonstance qui a forcé Chimène à manifester ses véritables sentiments, et qui promet à Rodrigue une digne récompense de sa bravoure et de sa générosité. Le Roi engage Chimène à ne plus rougir de sa passion et à l'avouer hautement. Il lui fait entendre que son devoir est rempli, que son père est satisfait, et qu'elle a acquis le droit de penser à elle et d'écouter ses propres sentiments. Il l'engage à accepter pour époux l'homme qu'elle aime si passionnément.

SCENE VIII. L'Infante vient présenter Rodrigue à Chimène. Elle l'exhorte à le recevoir de ses mains. Rodrigue se jette aux genoux de Chimène. Il proteste qu'il ne veut point abuser de sa victoire. Il vient de nouveau lui faire hommage de sa vie. Si tout ce qu'il a fait jusqu'à présent ne suffit point pour venger le Comte de Gormas, il est prêt à affronter mille nouveaux périls ; mais si sa mort seule peut apaiser Chimène, elle est toujours maîtresse de se satisfaire : la tête de Rodrigue est à ses pieds. Tout ce qu'il demande, c'est que Chimène conserve son souvenir, et qu'elle lui rende cette justice que c'est son amour pour elle qui l'a fait renoncer à la vie. Chimène ordonne à Rodrigue de se relever. Après quoi, s'adressant au Roi, elle convient qu'elle ne peut plus se dédire de tout ce qu'elle laissé voir de ses sentiments pour Rodrigue. Elle reconnaît que Rodrigue a des vertus qu'on ne peut assez estimer, et qu'il est juste qu'un roi soit obéi de ses sujets. Et cependant elle fait observer que son mariage avec Rodrigue n'est ni juste ni convenable, que sa main ne peut pas être le salaire de ce que Rodrigue a fait pour son pays, et qu'elle s'exposerait à des reproches éternels, si elle donnait son consentement à une pareille union. Le roi répond à Chimène que le temps corrige bien des choses, que Rodrigue l'a gagnée et qu'elle doit lui appartenir tôt ou tard; qu'il ne prétend pas cependant la presser de satisfaire à son commandement, mais qu'il lui donne un an pour essuyer ses larmes. Le roi s'adressant ensuite à Rodrigue, ordonne à celui-ci de se mettre en campagne pour aller attaquer les Maures chez eux. Il l'engage à se couvrir de nouveaux lauriers, et à s'élever si haut par ses victoires, que Chimène trouve enfin glorieux de l'épouser. Rodrigue répond que pour obtenir Chimène et pour servir son roi, il est prêt à tout entreprendre, et que l'espérance est déjà un grand bonheur pour lui. Espère en ton courage, lui dit le roi, espère en ma promesse; et, puisque tu possèdes le cœur de Chimène, pour surmonter les scrupules qui la dominent encore aujourd'hui, laisse faire le temps, ta vaillance et ton roi.

COMMENTAIRE.

ACTE PREMIER.

SCÈNE Iʳᵉ. Chimène, Elvire.

Le théâtre représente, ou, du moins, il devrait représenter l'intérieur de la maison du comte de Gormas. Il est naturel que ce soit dans la maison de son père qu'une jeune personne s'entretienne avec sa confidente de ce qui touche aux intérêts de son amour.

> Tous mes sens à moi-même en sont encor charmés.

C'est beaucoup dire à propos d'une chose qui ne l'intéresse qu'indirectement, et l'expression est un peu prétentieuse dans la bouche d'une simple confidente. Mais il faut remarquer que les premières scènes du Cid ont été remaniées, depuis la première édition. C'est par suite de ce remaniement que Corneille a été conduit à appliquer à Elvire une expression qui s'appliquait d'abord à Chimène. Dans la première édition, Chimène demandait à Elvire : *Que faut-il que j'espère ? Que dois-je devenir, et que t'a dit mon père ?* Elvire lui répondait : *Deux mots dont tous vos sens doivent être charmés.*

> Et si je ne m'abuse à lire dans son ame,

Et si je ne m'abuse, en croyant lire dans son ame, en supposant que j'y découvre ce qui s'y passe réellement.

> N'as-tu point trop fait voir quelle inégalité,
> Entre ces deux amants me penche d'un côté ?

Me penche pour *me fait pencher*. Indépendamment de l'observation purement grammaticale que nous venons de nous permettre, nous trouvons encore, dans ces deux vers, un trait de caractère qu'il nous paraît important de signaler et de recueillir. Dès la première scène de la pièce, Chimène manifeste un penchant réel pour la dissimulation. Elle craint que sa confidente n'ait laissé percer aux yeux de son père l'inclination qu'elle ressent pour Don Rodrigue. Elle veut conserver toutes les apparences d'une fille respectueuse, qui attend l'ordre de son père, pour se prononcer sur le mérite d'un jeune cavalier. La suivante va flatter sa faiblesse, en l'assurant que son père ne se doute pas de la préférence qu'elle accorde à Don Rodrigue. Chimène n'appartient donc pas à cette noble race de créatures qui aiment mieux *être* que *paraître*. Il est évident que le *paraître* est beaucoup pour elle. Les preuves de cette assertion se multiplieront sous nos yeux, à mesure que nous avancerons dans le développement de l'action.

> Et, sans les voir d'un œil trop sévère ou trop doux,

Il fallait dire : *Et qui, sans les voir.*

> Attend l'ordre d'un père à choisir un époux.

Une indifférence qui attend l'ordre d'un père n'est pas une expression très-heureuse. *Attendre à choisir* pour *attendre avant de choisir*, ou *pour choisir*, n'est pas non plus très-correct.

> Don Rodrigue surtout n'a trait en son visage,
> Qui d'un homme de cœur ne soit la haute image.

On dit *une haute idée* ; mais on ne dit point *un haut ta-*

bleau ni *une haute image. Parfait, parfaite, fidèle,* sont les épithètes qui vont avec *tableau* et *image.*

Tant qu'a duré sa force, a passé pour merveille.

Il fallait dire : *a passé pour une merveille (Scudéri),* ou bien encore, *a passé pour merveilleuse.*

Ses rides sur son front ont gravé ses exploits.

Les rides marquent les années, mais ne gravent point les exploits *(Académie).* On sait que Racine a parodié ce vers dans les Plaideurs :

Ses rides sur son front gravaient tous ses exploits.

Et nous disent encor ce qu'il fut autrefois :

Ce que les rides nous disent le plus clairement, la seule chose même qu'ils nous disent, c'est qu'un homme a été jeune; mais ils ne nous disent point s'il a été soldat ou laboureur, brave ou lâche, heureux ou malheureux.

Et c'est lui que regarde un tel degré d'honneur.

On dit bien : *ce soin me regarde, cette affaire me regarde;* mais on ne peut pas dire : *un tel degré d'honneur me regarde* ou *le regarde.* Il faudrait dire : *c'est à lui que revient cet honneur.*

Ce choix n'est pas douteux, et sa rare vaillance
Ne peut souffrir qu'on craigne aucune concurrence.

Ne peut souffrir qu'on craigne, n'est pas heureux. L'expression est allongée à dessein, pour remplir la mesure du vers. Peut-être aurait-on pu dire : *et sa rare vaillance ne peut souffrir ici la moindre concurrence,* ou bien encore, *ne saurait craindre ici la moindre concurrence.*

Et puisque Don Rodrigue a résolu son père,

Nous dirions aujourd'hui : *a décidé.*

Au sortir du conseil à proposer l'affaire.

Proposer l'affaire est du style comique ; mais observons que le Cid fut donné d'abord sous le titre de tragi-comédie *(Voltaire).*

Allons, quoi qu'il en soit, en attendre l'issue.

Allons, où ? Dans la maison de Chimène. Il nous paraît évident que, dans l'intention de Corneille, la première scène de ce premier acte se passe dans le palais du roi. Mais il est bien ridicule de faire venir Chimène et sa confidente dans le palais, uniquement pour s'y livrer à une conversation aussi intime, et qui serait beaucoup mieux placée dans la chambre de Chimène que dans un lieu aussi public que le palais de Don Fernand. Et maintenant que Chimène est venue, il est tout aussi ridicule de la faire partir. Puisque Chimène est au palais, pourquoi se propose-t-elle de retourner chez elle ? Que ne profite-t-elle de l'occasion pour aller voir Dona Urraque, qui va se plaindre tout-à-l'heure de sa paresse à venir lui rendre ses devoirs ? *En attendre l'issue*, de quoi ? de la crainte que Chimène vient de manifester, et au sujet de laquelle Elvire a cru devoir la rassurer. Mais cela prête encore à la critique. Une crainte est un sentiment qui peut très-bien finir : ce n'est pas un événement qui puisse avoir une *issue*, dans le sens qu'on attache ordinairement à ce mot.

SCENE II.

Ici le théâtre doit représenter le palais du roi de Castille, ou, pour mieux dire, l'appartement de sa fille, Dona Urraque. La conversation que celle-ci va avoir avec sa confidente ne peut être mieux placée que dans la chambre de la jeune princesse.

L'infante Léonor, un page.

C'est ici un défaut intolérable pour nous. La scène reste vide, les scènes ne sont point liées, l'action est interrompue. Pourquoi les acteurs précédents s'en vont-ils? Pourquoi ces nouveaux acteurs viennent-ils? Comment l'un peut-il s'en aller, et l'autre arriver sans se voir? Comment Chimène peut-elle voir l'infante sans la saluer *(Voltaire)*? Voltaire a raison; mais la justesse de son observation n'est fondée que sur la faiblesse qu'on a eue de vouloir que ces deux scènes se passassent dans le même lieu. Supposez que Chimène s'entretienne chez elle avec sa confidente, et que Dona Urraque en fasse autant de son côté avec la sienne, toutes les difficultés disparaissent. Un simple changement de décoration avertit le spectateur que, pour suivre le développement de l'action, il faut passer de la maison de Chimène dans le palais de Don Fernand. Il y a plus; le spectateur peut très-bien supposer que, dans la réalité, les deux scènes ont eu lieu simultanément, et que, tandis que Chimène s'entretenait avec sa confidente, dans la maison de son père, Dona Urraque s'entretenait avec la sienne, dans son appartement. Seulement le spectateur comprend très-bien et ne peut pas ne pas comprendre que le poète dramatique a été obligé de diviser, dans le temps, ce qui était uni, sous ce rapport, et qu'il a dû nous initier successivement aux épanchements de Chimène et à ceux de Dona Urraque.

Et dans son entretien je vous vois chaque jour
Dans vos entretiens avec Chimène, dans les entretiens que vous avez avec Chimène.

> Et ce grand intérêt que vous prenez pour eux

On dit *prendre parti pour quelqu'un*, et *prendre intérêt à quelqu'un*.

> Mets la main sur mon cœur,
> Et vois comme il se trouble au nom de son vainqueur.

Cette invitation à mettre la main sur son cœur, semble supposer une familiarité peu convenable entre la princesse et sa confidente. De plus, le nom de Rodrigue n'a pas été prononcé : Dona Urraque n'a fait que le désigner par ces mots : *Ce jeune cavalier, cet amant que je donne.*

> Comme il le reconnaît.

Ceci est complètement faux. Le cœur est bien le siége de l'émotion sensible ; mais il n'est pas le siége de l'intelligence.

> Pardonnez-moi, Madame,
> Si je sors du respect, pour blâmer cette flamme.

Du respect employé d'une manière absolue est une expression vague et incomplète ; il fallait dire : *du respect que je vous dois.*

> Mais je n'en veux point suivre où ma gloire s'engage.

L'expression n'est pas très-claire. *S'engage* ne dit point assez. La pensée de l'infante est celle-ci : *Je ne veux point compromettre ma gloire, en suivant les exemples qui sembleraient autoriser mon amour.*

> Quand je vis que mon cœur ne se pouvait défendre,
> Moi-même je donnai ce que je n'osais prendre ;
> Je mis, au lieu de moi, Chimène en ces liens,
> Et j'allumai leurs feux pour éteindre les miens.

Ces quatre vers sont très-bons. Les trois derniers résument parfaitement la situation de l'infante. Les antithèses sont très-naturelles et très-justes, et il y a, de la première à la troisième, une heureuse gradation de précision et d'énergie.

> Je suis au désespoir que l'amour me contraigne
> A pousser des soupirs pour ce que je dédaigne.

Ce que je dédaigne signifie ici *ce que je devrais dédaigner*.

> Cet hymen m'est fatal; je le crains, et souhaite;

Il faudrait : *je le crains, et je le souhaite*. Si l'expression était complète, l'idée serait plus claire, et l'opposition serait plus énergique.

> Mais puisque dans un mal si doux et si cuisant,
> Votre vertu combat et son charme et sa force,
> En repousse l'assaut, en rejette l'amorce,
> Elle rendra le calme à vos esprits flottants.

Toute cette phrase est mal construite, et donne lieu à plusieurs observations critiques. *Votre vertu combat et son charme et sa force.* Le charme et la force de quoi? du mal doux et cuisant dont il vient d'être parlé. Cela se découvre à la réflexion, mais ne se comprend pas assez vite. *Elle rendra le calme,* qui? votre vertu; mais le pronom *elle* se trouve un peu trop éloigné du substantif *vertu* qu'il est chargé de rappeler. *En rejette l'amorce. Rejeter* n'est pas le mot propre. L'idée de rejeter une chose suppose qu'on l'a saisie, et qu'on la tient déjà. *Rejeter* ne peut donc pas se dire d'une amorce, qui est précisément destinée à nous attirer par un appât trompeur, et à nous prendre de telle façon, que nous ne puissions plus nous délivrer. Une amorce qui pourrait être rejetée ne serait plus une amorce. *Vos esprits flottants.* Le singulier aurait mieux valu ici que le pluriel. *Scudéri* en a fait la remarque; elle nous paraît juste. Cependant l'*Académie* a pensé que *les esprits* pouvaient se dire pour *l'esprit*, en poésie.

Ma plus douce espérance est de perdre l'espoir.

Ce vers, si je ne me trompe, n'est pas loin du galimatias *(Scudéri)*. Ce vers est beau, et l'observateur l'a mal repris, parce qu'elle ne pouvait rien espérer de plus avantageux pour sa guérison, que de voir Rodrigue tellement lié à Chimène, qu'elle n'eût plus lieu d'espérer sa possession *(Académie)*. La critique de Scudéri est peut-être exagérée, mais l'approbation de l'académie ne justifie pas complètement Corneille. Ce n'est pas le vers qui est beau, c'est la pensée qui est belle ; et toute pensée, quelque belle qu'elle soit d'ailleurs, est condamnée à s'énoncer clairement. C'est ce qui n'a pas tout-à-fait lieu, dans le vers en question. L'expression pèche par excès de concision. Pour comprendre ce vers, il faut se mettre dans la position de l'infante. La princesse est partagée entre son devoir et son amour pour Don Rodrigue. Chacun de ces sentiments donne lieu à une crainte et à une espérance. Elle craint et elle espère pour son amour, elle craint et elle espère pour sa vertu. Ces deux sortes de crainte, et ces deux sortes d'espérance sont en raison inverse l'une de l'autre. La pensée de l'infante est donc celle-ci : *ma plus douce espérance vertueuse est de perdre mon espoir amoureux*. Ce sont les deux épithètes qui déterminent l'idée, et qui la rendent claire et intelligible. En l'absence des épithètes, l'expression reste vague et n'est point saisissable au premier coup-d'œil.

Par vos commandements Chimène vous vient voir.

Ce vers est bas, et la façon de parler n'est pas française, parce qu'on ne dit point, *un tel vous vient voir par vos commandements (Académie)*.

Cet hyménée à trois également importe;

Cet hyménée importe également à trois personnes. Ce vers est évidemment mal construit, et la césure à l'hémistiche n'y produit pas un bon effet. *Cet hyménée à trois.* Il semble d'abord qu'il s'agisse d'un hyménée à trois, c'est-à-dire entre trois personnes, au lieu d'un hyménée à deux, ce qui est la règle ordinaire.

> Rends son effet plus prompt, ou mon ame plus forte.

Pour rendre un effet plus prompt, il faut que cet effet existe; et pour qu'un effet existe, il faut que sa cause se soit déjà produite. La cause ici c'est le mariage de Chimène et de Rodrigue. Or, ce mariage n'étant encore qu'un projet, il est tout-à-fait prématuré de parler des effets d'une cause aussi problématique. Nous pensons que Corneille a voulu dire : *fais que ce mariage s'effectue plus promptement;* mais ce sont là de ces intentions qu'il faut deviner, en y réfléchissant, et qui ne se découvrent pas assez vîte.

SCENE VI. Le comte DE GORMAS, Don DIÈGUE.

On peut admettre, à la rigueur, que cette scène se passe dans le lieu même que l'infante vient de quitter, et cela paraît assez conforme à l'intention de Corneille. Mais il serait plus naturel de supposer que Don Gomès et Don Diègue viennent se quereller dans une autre partie du palais que celle où Dona Urraque s'entretenait avec sa confidente. Ces changements de lieu ne sont pas aussi contraires à la vraisemblance qu'on l'a souvent avancé. Ils y sont même plus conformes. Un simple changement de décoration suffit pour avertir le spectateur. La moindre habitude du théâtre nous rend d'ailleurs très-intelligents et très-accommodants à cet égard. Quelle apparence y a-t-il que le comte de Gormas et Don Diègue viennent se quereller dans l'appartement de l'infante, ou que l'infante, de son côté, vienne s'entretenir de ses sentiments les plus secrets dans un lieu assez accessible pour que les courtisans et les conseillers de son père puissent la surprendre au milieu de ses épanchements? La véritable règle du théâtre, si nous ne nous trompons, est celle-ci : *Il faut que chaque scène y soit mise en son lieu.*

Vous élève en un rang qui n'était dû qu'à moi ;

Vous élève en un rang. Cela n'est pas français : il faut dire, *élever à un rang (Académie).*

Pour grands que soient les rois, ils sont ce que nous sommes.

Cette phrase a vieilli ; elle était fort bonne alors. On dirait aujourd'hui, *tout grands* que soient les rois, *quelque grands* que soient les rois *(Voltaire).*

Ne parlons plus d'un choix dont votre esprit s'irrite ;
La faveur l'a pu faire autant que le mérite ;

On peut dire que la faveur ou le mérite ont *inspiré* un choix, l'ont *déterminé*, l'ont *dicté* ; mais on ne peut pas dire qu'ils l'ont *fait*. Le choix dépend exclusivement de la volonté libre.

Mais on doit ce respect au pouvoir absolu,
De n'examiner rien quand un roi l'a voulu.

L'a voulu, quoi ? *la chose qu'on serait tenté d'examiner. Mais on doit ce respect au pouvoir absolu de n'examiner rien quand un roi a voulu cela* ; ou bien encore, *de n'examiner aucune chose quand un roi a voulu cette chose.* Il suffit de traduire ainsi le vers de Corneille, pour en faire sentir l'incorrection. Les mots *rien* ou *aucune chose* sont parfaitement indéterminés et négatifs ; tandis que *cela* ou *cette chose* sont essentiellement positifs et déterminés. Quoi qu'il en soit, et malgré ces légères imperfections de style, le discours de Don Diègue est fort bon, en ce que ce personnage s'y montre avec un caractère modeste et conciliateur. Il s'efforce de calmer, autant que la chose est en lui, le ressentiment du comte, et tout ce qu'il dit forme un contraste parfait avec ce que va dire Don Gomès. La proposition du mariage entre Chimène et Rodrigue est bien placée ici. Cette proposition semble destinée à faire une heureuse diversion aux sentiments qui agitent le comte. Don Diègue se trouve d'autant plus autorisé à demander pour son fils la main de Dona Chimène, que le poste élevé auquel il vient d'être appelé, attire sur son fils une partie de l'honneur qui lui a été fait. Il est fâcheux que le comte de Gormas ne puisse pas ou ne veuille pas entrer dans ces sentiments.

A de plus hauts partis Rodrigue doit prétendre ;

Le comte ne comprend pas ou ne veut pas comprendre le langage conciliateur de Don Diègue. Il repousse par une réponse ironique la proposition du mariage, et se hâte de revenir aux sentiments qui le dominent. Sa jalousie éclate malgré lui, et son caractère se dessine aux yeux du spectateur de manière à le rendre peu intéressant. On ne peut pas nier que tout cela ne soit très-adroitement ménagé par le poète.

Et le nouvel éclat de votre dignité,

Il y a ici une sorte d'hypallage. *Le nouvel éclat de votre dignité* signifie *l'éclat de votre nouvelle dignité*.

Exercez-la, monsieur, et gouvernez le prince ;

Exercez-la, votre dignité. Deux petites observations sur ce passage. *Exercez-la* est un peu loin de *votre dignité ;*

exercez-la semble d'abord se rapporter à *vanité* qui précède immédiatement. En second lieu, on ne peut pas dire : *exercez votre dignité;* on *exerce* une fonction, mais on n'*exerce* pas une dignité.

> Montrez-lui comme il faut régir une province,
> Faire trembler partout les peuples sous sa loi,
> Remplir les bons d'amour, et les méchants d'effroi.
> Joignez à ces vertus celles d'un capitaine ;

Le comte veut se consoler de son échec, en faisant la leçon à Don Diègue. Il a évidemment l'intention de lui prouver qu'il était autant, sinon même plus capable que lui de faire un bon gouverneur de l'infant.

> Instruisez-le d'exemple, et vous ressouvenez
> Qu'il faut faire à ses yeux ce que vous enseignez.

Ceci est de l'ironie. Il sait bien que l'âge de Don Diègue s'oppose à ce que celui-ci puisse prêcher d'exemple. Il veut lui faire sentir son incapacité.

> Et qu'a fait, après tout, ce grand nombre d'années,
> Que ne puisse égaler une de mes journées ?

Ceci est le comble de la forfanterie, et nous semble dit un peu trop tôt. L'exagération est tellement évidente que le personnage ne peut pas se soutenir à une pareille hauteur. Et, en effet, quelle que soit la bonne opinion qu'il a de lui-même, et malgré toute sa suffisance, le comte est obligé d'en rabattre dès le vers suivant.

> Si vous fûtes vaillant, je le suis aujourd'hui,

A la bonne heure ! ceci est plus convenable et plus modeste. On ne se donne plus que comme "égal de celui au-dessus duquel on s'élevait si fort tout-à-l'heure. La raison et le bon sens y gagnent ; mais que devient la gradation ?

Grenade et l'Aragon tremblent quand ce fer brille ;

Grenade, à cette époque-là, était encore occupée par les Maures. Quant à l'Aragon, quoique ce fût un royaume chrétien, il est certain que la paix entre lui et la Castille était troublée de temps en temps.

Et pour répondre en hâte à son grand caractère,

Et pour repondre promptement à sa haute mission, à sa haute destinée : pour se rendre digne, le plus tôt possible, du poste important que sa naissance lui assigne.

Vous êtes aujourd'hui ce qu'autrefois je fus.

Don Diègue continue à faire toutes les concessions qui peuvent apaiser le comte, sans compromettre sa propre dignité. Il ne s'élève point au-dessus de lui ; mais il ne consent point à se mettre au-dessous. Il se borne à maintenir l'égalité entre son mérite et celui de son rival.

(*Il lui donne un soufflet*).

On ne donnerait pas aujourd'hui un soufflet sur la joue d'un héros ; les acteurs même sont très-embarrassés à donner ce soufflet ; ils font le semblant *(Voltaire)*. Il est très-important que le soufflet soit donné, et qu'il soit donné en présence du spectateur. Celui-ci ne doit jamais perdre de vue l'outrage fait par le comte au père de Rodrigue.

Achève, et prends ma vie après un tel affront,
Le premier dont ma race ait vu rougir son front.

M. de Scudéri a eu raison de remarquer qu'on ne peut dire *le front d'une race* (*Académie*). Pourquoi, si on anime tout en poésie, une race ne pourra-t-elle pas rougir ? Pourquoi ne lui pas donner un front comme des sentiments *(Voltaire)*? Parce que la métaphore est un peu forcée.

> Tu dédaignes ma vie ? — En arrêter le cours
> Ne serait que hâter la parque de trois jours.

On voit que le comte est très-fort sur l'ironie. C'est la quatrième fois qu'il emploie cette figure. Cela lui donne un cachet de fatuité qui ne messied point à son rôle, et cela contribue à détourner de lui l'intérêt du spectateur. Dès lors cet intérêt se porte naturellement sur Don Diègue et sur son fils.

> N'ai-je donc tant vécu que pour cette infamie !

Pour *éprouver*, ou pour *subir* cette infamie.

> Et ne suis-je blanchi dans les travaux guerriers

Et *n'ai-je* blanchi.

> Nouvelle dignité fatale à mon bonheur !
> Précipice élevé d'où tombe mon honneur !
> Faut-il de votre éclat voir triompher le comte ?

On dit bien *l'éclat d'une dignité*, mais on ne peut pas dire *l'éclat d'un précipice*.

> Et ton jaloux orgueil, par cet affront insigne,
> Malgré le choix du roi m'en a su rendre indigne.

Jaloux orgueil est une très-belle expression qui résume fort bien le caractère du comte, tel qu'il s'est manifesté dans la scène précédente. Et, en effet, c'est l'orgueil et la jalousie qui ont indisposé le comte contre Don Diègue.

> Si Rodrigue est mon fils, il faut que l'amour cède,
> Et qu'une ardeur plus noble à ses flammes succède.
> Mon honneur est le sien, et le mortel affront
> Qui tombe sur mon chef rejaillit sur son front.

On a retranché ces quatre vers comme superflus *(Vol-*

taire). Nous n'hésitons pas à réclamer hautement contre une pareille suppression. Elle accuse chez ceux qui l'ont faite, une singulière inadvertance. Les quatre vers dont il s'agit ici ont le double mérite d'être très-beaux et très-importants. Outre qu'ils sont parfaitement écrits, ils nous préparent évidemment à tout ce qui va suivre, ou, pour mieux dire, ils excitent puissamment la curiosité du spectateur. Ils ouvrent une large perspective à ce besoin d'émotions que nous apportons au théâtre. Dès que ces vers sont prononcés, l'intrigue est nouée ; on se demande naturellement : comment cela finira-t-il ? Nous dirons donc ici ce que Voltaire a dit ailleurs, en parlant de quelques changements analogues : *Ce n'est point jouer le Cid, c'est insulter son auteur que de le tronquer ainsi.*

> Viens, mon fils, viens, mon sang, viens réparer ma honte ;
> Viens me venger.

On ne saurait trop admirer la précision et 'energie de ce langage.

> Et ce fer que mon bras ne peut plus soutenir,
> Je le remets au tien pour venger et punir.

Venger et punir est trop vague ; car on ne sait qui doit être vengé, ni qui doit être puni *(Académie).* J'ose croire cette critique mal fondée, et je louerai ces deux mots précisément par ce qu'on y censure. D'abord le sens est clair : qui peut se méprendre sur ce qu'on doit venger et sur ce qu'on doit punir ? Mais ce qui me paraît digne de louange, c'est cette précision rapide qui est avare de mots parce que la vengeance est avare du temps. *Venger et punir : meurs ou tue* ; voilà les mots qui se précipitent dans la bouche d'un homme furieux *(Laharpe).* Laharpe a parfaitement raison.

> Je l'ai vu tout sanglant, au milieu des batailles,
> Se faire un beau rempart de mille funérailles.

On peut bien se faire un rempart de mille corps morts ou de mille cadavres; mais comment se fortifier avec des funérailles ?

> C'est — de grâce, achevez. — Le père de Chimène.

Ce n'est pas sans intention que Don Diègue emploie cette périphrase pour désigner le comte de Gormas. Il ne veut rien dissimuler à Rodrigue. Il veut que celui-ci puisse mesurer sur-le-champ la grandeur du sacrifice qu'il lui demande.

> Le...

La réticence est naturelle, et d'un très-bel effet. Rodrigue est comme foudroyé en apprenant le nom, ou, pour mieux dire, la qualité de son adversaire. Il veut répliquer; mais la parole lui manque. Il reste muet de surprise et d'abattement.

> Plus l'offenseur est cher, et plus grande est l'offense;

Ce mot d'*offenseur* n'est point français *(Scudéri)*. L'observateur a quelque fondement en sa répréhension, de dire que ce mot *offenseur* n'est pas en usage; toutefois, étant à souhaiter qu'il y fût, pour opposer à offensé, cette hardiesse n'est pas condamnable *(Académie)*.

> Je ne te dis plus rien; venge-moi, venge-toi;
> Montre-toi digne fils d'un père tel que moi.
>
> *Mourons, moi, cher Osmin, comme un visir : et toi,*
> *Comme le favori d'un homme tel que moi.*
>
> (*Racine,* BAJAZET.)

> Misérable vengeur d'une juste querelle,
> Et malheureux objet d'une injuste rigueur,

D'une injuste rigueur du sort. L'expression est incomplète ; on ne voit pas assez clairement d'où part cette rigueur. De plus, *juste* et *injuste* semblent former ici une antithèse un peu trop recherchée.

> Contre mon propre honneur mon amour s'intéresse ;
> Il faut venger un père, et perdre une maîtresse ;
> L'un m'anime le cœur, l'autre retient mon bras.

Quel est cet *un*, quel est cet *autre*? Il est assez difficile de le deviner. On pourrait croire que *l'un* se rapporte à *honneur* et *l'autre* à *amour;* mais il est plus vraisemblable que *l'un* rappelle *venger un père*, et *l'autre*, *perdre une maîtresse.*

> Tous mes plaisirs sont morts ou ma gloire ternie ;
> L'un me rend malheureux, l'autre indigne du jour.

L'un désigne ici le fait que tous mes plaisirs soient morts ; *l'autre* désigne le fait que ma gloire soit ternie.

> Cher et cruel espoir d'une ame généreuse,
> Mais ensemble amoureuse,
> Digne ennemi de mon plus grand bonheur,
> Fer, qui causes ma peine,

Comment une épée peut-elle être le cher et cruel espoir d'une ame généreuse, et l'ennemie de son plus grand bonheur? Comment un fer peut-il causer de la peine? Cela n'est pas très-clair, au premier coup-d'œil, et semble un peu se rapprocher de ce que Scudéri appelle du galimatias.

> Je dois à ma maîtresse aussi bien qu'à mon père ;

Je dois est employé ici d'une manière absolue, et nous ne trouvons rien de répréhensible dans cet emploi. C'est comme s'il y avait : *J'ai des devoirs à remplir envers ma maîtresse aussi bien qu'envers mon père.* Remarquez d'ailleurs qu'en se reconnaissant des devoirs envers Chimène, il s'attribue par cela même des droits sur elle : l'un ne peut aller sans l'autre. Ce trait nous paraît donc fort heureux et fort adroit.

> J'attire, en me vengeant, sa haine et sa colère :
> J'attire ses mépris en ne me vengeant pas.

Ce dernier trait est encore fort heureux. Dans l'intérêt même de son amour, Rodrigue sent qu'il ne peut pas faire autrement que de punir le comte. La seule difficulté qu'il y ait, c'est que le comte de Gormas est précisément le père de Chimène. Voilà ce qui rend sa position si difficile et si dramatique.

> A mon plus doux espoir l'un me rend infidèle,
> Et l'autre, indigne d'elle.

L'un désigne ici *en me vengeant, l'autre* désigne *en ne me vengeant pas.*

> Mon mal augmente à le vouloir guérir.

L'injure faite à son père le rend malheureux ; mais pour guérir ce mal, il faut qu'il tue le père de sa maîtresse, ce qui compromet son amour et le rend par conséquent encore plus malheureux.

> Respecter un amour dont mon ame égarée
> Voit la perte assurée!

Egarée est mis uniquement pour la rime. L'épithète est plus qu'oiseuse, car elle est fausse. Son ame est si peu égarée, qu'il juge très-bien de sa position, et qu'il la résume admirablement.

> Sauvons du moins l'honneur,
> Puisque après tout il faut perdre Chimène.

La conclusion est parfaitement juste, et nous paraît très-rigoureusement déduite de la série d'idées précédemment émises. Et, en effet, s'il se bat, il offense

Chimène; s'il ne se bat pas, il se déshonore, et se rend indigne d'elle. Dans les deux cas, son amour est compromis; il ne lui reste donc qu'à sauver son honneur.

Que je meure au combat, ou meure de tristesse,
Que je meure de la main du comte, ou que je meure de tristesse de ne pouvoir plus épouser Chimène, après avoir tué son père.

Je rendrai mon sang pur, comme je l'ai reçu.
Je ne sais dans quel aphorisme d'Hippocrate l'auteur a remarqué qu'une mauvaise action corrompe le sang, mais, contre ce qu'il dit, je crois plus raisonnablement que Rodrigue l'a tout brûlé par cette noire mélancolie qui le possède *(Scudéri)*. L'observateur n'a pas bien repris cet endroit; car, métaphoriquement, le sang qui a été reçu des aïeux est souillé par les mauvaises actions, et ce vers est fort beau *(Académie)*. L'académie a complètement raison; la critique de Scudéri est fort déplacée et fort injuste.

ACTE SECOND.

SCENE Ire. Don ARIAS, le Comte.

Il serait très-naturel de supposer que cette scène se passe chez le comte de Gormas. Don Arias, chargé par le roi de demander à Don Gomès une satisfaction pour Don Diègue, n'a rien de mieux à faire que de se rendre chez le comte. Cependant la scène suivante nous interdit cette supposition. Rien n'indique, en effet, que Don Rodrigue vienne provoquer le comte de Gormas dans sa propre demeure. Tout annonce au contraire qu'il le rencontre dans une salle du palais où se trouvent d'autres courtisans. Il faut donc admettre que Don Arias rencontre Don Gomès dans une des galeries du palais, et c'est là que se passent les deux premières scènes de ce second acte.

> Je l'avoue entre nous, quand je lui fis l'affront,

Il n'a pu dire *je lui fis;* car l'action vient d'être faite; il fallait dire *quand je lui ai fait,* puisqu'il ne s'était pas passé de nuit entre deux *(Académie).*

> Le rang de l'offensé, la grandeur de l'offense,
> Demandent des devoirs et des soumissions
> Qui passent le commun des satisfactions.

Qui passent le commun des satisfactions. Cette façon de parler est des plus basses et peu française *(Académie).* Le défaut d'élégance et de noblesse signalé par l'Aca-

démie n'est que trop réel. Malgré ce défaut, les trois vers ci-dessus ont le mérite de nous faire connaître l'opinion du roi sur la conduite du comte. Cette conduite est sévèrement blâmée par Don Fernand. L'outrage fait à Don Diègue est tellement grave, que le roi se croit autorisé à exiger pour lui une réparation extraordinaire. Le comte, en se refusant à toute espèce de satisfaction, ne fera qu'aggraver son premier tort, et, par conséquent, la conduite de Rodrigue paraîtra moins blâmable.

> Monsieur, pour conserver tout ce que j'ai d'estime,
> Désobéir un peu n'est pas un si grand crime :
> Et quelque grand qu'il fût ...

Et quelque grand que fût le crime. La construction n'est pas régulière. Le pronom *il* doit rappeler le sujet de la phrase précédente qui est *désobéir*, et non point l'attribut qui est *grand crime*. Pour que la phrase fût correcte, il faudrait dire : *Le crime de désobéir un peu n'est pas si grand; et quelque grand qu'il fût...*

> Jamais à son sujet un roi n'est redevable ;

On est redevable *à* quelqu'un d'un avantage qu'on a reçu de lui et qu'on a droit de conserver. On est redevable *envers* quelqu'un d'une chose qui lui appartient et qu'on doit lui rendre. Il fallait donc dire : *Jamais un roi n'est redevable envers son sujet.*

> Souffrez que la raison remette vos esprits :

La réflexion de Don Arias n'est que trop juste. Le comte s'exagère singulièrement son importance, et l'on peut dire qu'il est fou d'orgueil. Du reste, il est évident que l'intention du poète est de déconsidérer de plus en plus le comte dans l'esprit du spectateur, et de mettre tous les torts de son côté.

Mais songez que les rois veulent être absolus.

Mais songez que les rois veulent exercer un pouvoir sans contrôle, une autorité sans limites.

Et l'on peut me réduire à vivre sans bonheur,
Mais non pas me résoudre à vivre sans honneur.

Me résoudre n'est pas correct. Il faudrait dire : *Je ne puis pas me résoudre : on ne peut pas faire que je me résolve. Se résoudre* est essentiellement réfléchi. A cela près, les verbes *réduire* et *se résoudre* seraient bien employés. Et, en effet, on peut *réduire* un homme par la force ; mais nul ne *se résout* que de son propre mouvement.

Parlons bas, écoute.

Parlons bas suppose qu'ils ne sont pas seuls. La scène se passe donc dans une galerie du palais de don Fernand.

Sais-tu que ce vieillard fut la même vertu,
Fut la vertu même.

Peut-être.

Peut-être est amphibologique. *Peut-être le sais-je. Peut-être fut-il ce que tu dis.* Cette amphibologie n'est pas déplacée dans le rôle du comte. On voit que cet important personnage ne croit pas devoir se donner la peine de répondre clairement à son interlocuteur.

Cette ardeur que dans les yeux je porte,
Sais-tu que c'est son sang ? Le sais-tu ?

Une *ardeur* ne peut être appelée *sang*, par métaphore ni autrement (*Académie*). Si un homme pouvait dire de lui qu'il a de l'ardeur dans les yeux, y aurait-il une faute à dire que cette ardeur vient de son père, que c'est le sang de son père ? N'est-ce pas le sang qui, plus ou moins animé, rend les yeux vifs ou éteints (*Voltaire*) ?

A quatre pas d'ici je te le fais savoir.

Après avoir dit ces mots, le grand discours qui suit jusqu'à la fin de la scène est hors de saison (*Académie*). La critique de l'*Académie* pourrait avoir quelque fondement, si le comte se rendait sur-le-champ à la provocation de Rodrigue ; mais le comte refuse et dédaigne d'abord de se mesurer avec un tel adversaire. Il faut bien que Rodrigue le décide à se battre avec lui, et tout ce qu'il dit, dans cette intention, est plein de chaleur et de vérité. Les motifs de refus allégués par le comte ne sont pas moins remarquables. Il est impossible que le spectateur ne soit pas vivement ému. Nous pensons donc que l'*Académie* s'est un peu trop hâtée de blâmer la prolongation d'une scène qui est véritablement admirable et qui renferme des détails du plus haut intérêt.

Mes pareils à deux fois ne se font pas connaître
Mes pareils ne s'y prennent pas à deux fois pour se faire connaître.

Et pour leurs coups d'essai veulent des coups de maître.
Coups d'essai, coups de maître, termes familiers qu'on ne doit jamais employer dans le tragique : de plus, ce n'est qu'une répétition froide de ce beau vers qui est devenu proverbe : *La valeur n'attend pas le nombre des années* (*Voltaire*). L'observation de Voltaire nous paraît un peu sévère. *Coups d'essai, coups de maître* ne sont pas, ce nous semble, des expressions tellement familières qu'il faille les bannir absolument du style tragique. Le vers qui contient ces expressions n'est pas précisément une répétition du beau vers cité par Voltaire ; et, en supposant qu'il y eût répétition, pourquoi dire qu'elle est froide ?

J'attaque en téméraire un bras toujours vainqueur.
J'attaque un bras. Le bras mis ici pour l'homme ou

pour le guerrier tout entier, réduit l'image à des proportions un peu maigres.

> Ton bras est invaincu, mais non pas invincible.

Ce mot *invaincu* n'a point été employé par les autres écrivains, je n'en vois aucune raison : il signifie autre chose qu'*indompté*. Un pays est *indompté*, un guerrier est *invaincu*. Corneille l'a encore employé dans *les Horaces*. Il y a un dictionnaire d'orthographe où il est dit qu'*invaincu* est un barbarisme. Non : c'est un terme hasardé et nécessaire (*Voltaire*).

> Ce grand cœur qui paraît aux discours que tu tiens,
>   Par tes yeux, chaque jour, se découvrait aux miens ;

Que signifie *aux miens* ? à mes *discours* ou à mes *yeux* ? A mes yeux, évidemment ; mais, d'après la manière dont la phrase est construite, il y a amphibologie.

> Et croyant voir en toi l'honneur de la Castille,
> Mon ame avec plaisir te destinait ma fille.

Le comte est touché, malgré lui, de la noblesse de caractère et de la résolution de Rodrigue. Cette émotion se trahit par un discours très-remarquable et très-adroitement imaginé par le poète. D'abord il rend justice au dévouement de Rodrigue et au courage avec lequel celui-ci fait céder sa passion à son devoir ; il laisse échapper l'aveu qu'il l'aurait volontiers accepté pour gendre, et qu'il ne connaît pas de meilleur parti pour sa fille. Ensuite il s'attendrit sur le sort de Rodrigue ; il se reprocherait de lui ôter la vie, et le prie de le dispenser de ce combat. Tout cela relève singulièrement Rodrigue, et fait tourner de son côté l'intérêt du spectateur.

> Ne cherche point à faire un coup d'essai fatal.

Le terme *coup d'essai* est-il donc si familier et si déplacé dans ce vers ? C'est une question que nous adressons à Voltaire.

> Marchons sans discourir.

Cette résolution doit plaire d'autant plus au comte que, dans son opinion, parfaitement conforme au caractère que le poète lui a donné, il est certain de vaincre. La preuve en est que, pour dissuader Rodrigue, il lui dit : *Es-tu si las de vivre ?*

> As-tu peur de mourir ?

Il ne faut pas moins que cette question pour décider le comte. L'idée qu'il pourrait passer pour avoir peur, lui si confiant en lui-même, lui fait accepter le combat.

> Viens ; tu fais ton devoir ; et le fils dégénère
> Qui survit un moment à l'honneur de son père.

N'en déplaise à l'*Académie*, tout est parfait dans ce dialogue, et la scène est admirablement conduite jusqu'à la fin. Relevons ici quelques détails précieux. *Viens ; tu fais ton devoir.* Ceci est remarquable. Le comte rend justice à Rodrigue ; il avoue complètement que son devoir lui commande de venger son père. Rodrigue n'est point pour lui un assassin. Et si l'on réfléchit que, dans ce combat, toutes les chances paraissent contraires à Rodrigue, on conviendra que son devoir ressemble fort à un dévoûment. Remarquons encore combien le caractère hautain et confiant du comte est parfaitement soutenu jusqu'au bout. Dans cette tournure : *et le fils dégénère qui survit un moment à l'honneur de son père,* est impliquée l'idée que Rodrigue est un homme mort, et que la victoire doit rester à son adversaire. Dernier trait de présomption dans ce personnage présomptueux que le spectateur ne reverra plus.

SCENE III.

Cette scène, aussi bien que celle qui suit, devrait se passer dans l'appartement de l'infante; et pour que le spectateur fît cette concession au poète, il suffirait, comme nous l'avons déjà dit, d'un simple changement de décoration.

L'infante, CHIMÈNE, LÉONOR.

L'outrage fait à Don Diègue par le comte de Gormas, a eu du retentissement. Il est impossible qu'on n'en parle pas à la cour. Il est donc naturel que Chimène vienne trouver l'infante pour s'entretenir avec elle de ce cruel contre-temps.

Fais agir ta constance en ce coup de malheur,

Constance signifie ici *courage*. Il est pris dans le sens du mot latin *constantia* dont il est formé.

Ton bonheur n'est couvert que d'un peu de nuage.

Un peu de nuage. Les premières éditions portaient *un petit nuage*. Chacune de ces deux expressions a un défaut qui lui est propre. *Un petit nuage* est du style comique; *un peu de nuage* n'est pas correct. On dit bien, *un peu de poussière, un peu de vent, un peu de pluie, un peu de brouillard;* mais on ne peut pas dire, *un peu de nuage, un peu de rivière, un peu de fontaine*. Voici la raison de cette différence. La poussière, le vent, la pluie et le brouillard, sont des grandeurs indéterminées, sans contours arrêtés, sans limites précises, qui existent en masses plus ou moins considérables, mais qui ne se réduisent point à des individualités distinctes et séparément appréciables. Voilà pourquoi, en parlant de ces sortes de grandeurs, on peut dire *peu de* ou *beaucoup de* avec le singulier. Les nuages, les rivières et les fontaines sont, au contraire, des grandeurs déterminées ; ces grandeurs forment des individus qui peuvent être plus ou moins nombreux, et parmi lesquels chaque individu peut être lui-même plus ou moins grand. Voilà pourquoi, lorsque ces termes sont employés au singulier, on met *petit* ou *grand* plutôt que *peu de* ou *beaucoup de*. *Un peu de nuage*, c'est *un petit nuage*; *un peu de rivière*, c'est *une petite rivière*. Cela n'empêche pas, comme on le voit, qu'on ne puisse dire *peu de* ou *beaucoup de* avec *nuage* et *rivière* employés au pluriel : *peu de nuages, beaucoup de nuages; peu de rivières, beaucoup de rivières;* mais ces dernières expressions diffèrent essentiellement de celle que nous venons de relever et de critiquer dans le vers de Corneille.

J'aimais, j'étais aimée, et nos pères d'accord.

Et nos pères étaient d'accord. Ce vers est excellent ; il répond à bien des critiques. Et, en effet, ce vers résume très-bien la position de Chimène et de Rodrigue, avant la malheureuse querelle du comte et de Don Diègue. Les deux jeunes gens s'aimaient mutuellement; ils formaient l'un pour l'autre un parti très-convenable ; ils s'étaient sans doute promis leur foi. Don Diègue n'a pas hésité à approuver l'amour de son fils, et à demander pour lui la main de Chimène. Quant au comte Gormas, il a d'abord repoussé, il est vrai, cette demande, tout entier qu'il était à son ressentiment; mais, outre qu'il avait déjà dit à Elvire qu'il approuvait l'amour de sa fille pour Don Rodrigue, il a dit à Rodrigue lui-même : *Mon ame avec plaisir te destinait ma fille.* Tout concourait donc à ce mariage, et les deux jeunes-gens étaient unis, autant qu'on le peut être avant la consécration solennelle du nœud conjugal. Il y avait entre eux une sorte de fiançailles. Si je voulais abuser contre *Scudéri* des armes même dont il s'est servi, je lui dirais que, puisque, suivant lui, le consentement fait le mariage, Chimène et Rodrigue sont, pour ainsi dire, mariés, et que l'obstacle qui vient s'opposer à ce mariage étant du fait de Don Gomès, Rodrigue ni Chimène n'ont rien fait pour se désunir. C'est une circonstance extérieure, indépendante de leur volonté, qui vient compromettre leur union solennelle, et la consécration religieuse de la parole qu'ils se sont donnée.

Maudite ambition.

Elle désigne par là l'ambition que son père et Don Diègue ont éprouvée l'un et l'autre d'être élevés au poste de gouverneur de l'infant, ambition qui, jointe au dépit de son père, a occasionné la rupture.

Impitoyable honneur, mortel à mes plaisirs,

Elle désigne ainsi le point d'honneur qui ne permettra pas que l'injure faite à don Diègue reste impunie.

Les accommodements ne font rien en ce point ;
Les affronts à l'honneur ne se réparent point.

On dit bien *faire affront à quelqu'un;* mais non pas *faire affront à l'honneur de quelqu'un* (Académie). Cette censure détruirait toute poésie; on dit très-bien : *il outrage mon amour, ma gloire (Voltaire)*. Nous inclinons pour l'opinion de Voltaire. Au reste, Chimène ne veut pas dire qu'elle désire que les accommodements ne fassent rien, en un sujet pareil. Ce n'est pas un vœu qu'elle forme, comme *Scudéri* paraît le supposer. C'est un fait qu'elle énonce ; c'est une prévision fondée sur la connaissance qu'elle a des mœurs de son temps ; et nous savons déjà que ses appréhensions ne sont que trop fondées.

> Le saint nœud qui joindra Don Rodrigue et Chimène,
> Des pères ennemis dissipera la haine ;

Il nous semble que l'infante voit les choses sous un jour trop favorable. Elle se fait illusion, ou elle veut donner le change à Chimène. Le mariage entre deux jeunes gens peut dissiper la haine de deux familles, mettre un terme à leur aversion ou à leur animosité ; mais un mariage ne répare point un outrage, et un outrage sanglant comme celui d'un soufflet volontairement donné.

> Je le souhaite ainsi plus que je ne l'espère ;

Ce vers répond à *Scudéri*. Chimène n'ose pas espérer que la querelle se termine sans effusion de sang ; mais elle est loin de souhaiter qu'elle aboutisse à une lutte meurtrière.

> Le passé me tourmente, et je crains l'avenir.

Le passé est une expression un peu emphatique pour désigner *ce qui s'est passé*. Le passé qui tourmente Chimène se réduit à la querelle de son père avec Don Diègue, et à l'affront fait à ce dernier.

> Et deux mots de ta bouche arrêtent sa colère.

Arrêtent est fort bon ; il est plus expressif qu'*arrêteront* ; il peint mieux l'influence de Chimène sur Rodrigue.

> S'il ne m'obéit point quel comble à mon ennui !

Cette phrase n'est pas française (*Académie*). On dit : *C'est le comble de ma douleur, de ma joie*. Si ces tours n'étaient pas admis, il ne faudrait plus faire de vers

(*Voltaire*). Ici encore, malgré l'autorité de l'Académie, nous penchons pour l'opinion de Voltaire.

> Et s'il peut m'obéir que dira-t-on de lui?

Que dira-t-on de lui? Ce trait mérite d'être signalé. Le caractère de Chimène s'y manifeste sous un point de vue qu'il est important de connaître et d'apprécier. La crainte du *qu'en dira-t-on* est un de ses mobiles les plus puissants. Elle redoute singulièrement les jugements de l'opinion publique. Ce qu'elle craint pour elle-même, il est naturel qu'elle le craigne aussi pour son amant.

> Étant né ce qu'il est, souffrir un tel outrage!

Quoi qu'en dise *Scudéri*, cette exclamation n'annonce point une fille dénaturée. Il ne faut y voir qu'une prévision intelligente de la part d'une jeune fille qui n'est point étrangère aux mœurs de son temps, et qui connaît parfaitement les habitudes chevaleresques des gentilshommes au milieu desquels elle passe sa vie. On doit en dire autant de tous les traits de cette scène qui ont le même caractère.

> Soit qu'il résiste ou cède au feu qui me l'engage,

Soit qu'il résiste ou soit qu'il cède. Nous dirions aujourd'hui : *qu'il résiste ou qu'il cède.*

> Mon esprit ne peut qu'être ou honteux ou confus
> De son trop de respect ou d'un juste refus.

Mon esprit ne peut qu'être ou honteux de son trop de respect, ou confus d'un refus qui serait juste. Ces sentiments de Chimène répondent parfaitement à ceux que nous avons entendu exprimer par Rodrigue, à la fin du 1er. acte :

J'attire, en me vengeant, sa haine et sa colère ;
J'attire ses mépris en ne me vengeant pas

On voit qu'il y a sympathie entre les deux jeunes gens, et que leurs sentiments sont à la même hauteur. Au reste, c'est ici, pour la première fois, que Chimène laisse percer son opinion personnelle sur la conduite que peut tenir Rodrigue, après l'affront fait à son père. Elle avoue qu'elle serait honteuse pour lui de son trop de respect, c'est-à-dire de la déférence qu'il aurait pour elle, en ne se battant pas, et elle reconnaît la justice du refus qu'elle pourrait essuyer. Mais cette opinion est-elle donc si barbare qu'on puisse la traiter de *monstrueuse*, ainsi qu'a osé le faire *Scudéri*? Cette opinion n'est autre chose que le préjugé même du siècle de Chimène, et j'ose dire de plusieurs siècles postérieurs. Si cette opinion est monstrueuse, tous les personnages de la pièce sont donc des monstres. Nous avons déjà entendu Rodrigue s'écrier: *J'attire ses mépris en ne me vengeant pas*. Le vieux Don Diègue n'a pas manqué de dire: *Ce n'est que dans le sang qu'on lave un tel outrage*. Le comte de Gormas lui-même, la déplorable victime du préjugé, en a reconnu l'empire et la légitimité. *Viens; tu fais ton devoir; et le fils dégénère qui survit un moment à l'honneur de son père*. Enfin le roi Don Fernand nous dira tout-à-l'heure, en apprenant la mort du comte: *Dès que j'ai su l'affront, j'ai prévu la vengeance*. Il nous semble qu'une pareille unanimité de sentiments aurait dû arrêter l'intempérance de langue de *Scudéri*, et qu'il aurait dû y regarder à deux fois avant d'accuser Chimène à propos d'une manière de voir qui peut être une faiblesse, mais que tant d'autres personnages partagent avec elle.

>Chimène est généreuse, et, quoique intéressée,
>Elle ne peut souffrir une lâche pensée.

Voici le sens de ces deux vers: *Chimène est généreuse;*

et, *quoique elle soit intéressée à ce que l'on n'attaque point son père, elle ne pourrait souffrir que Don Diègue et Rodrigue eussent la lâche pensée de laisser impuni l'affront qu'ils ont reçu.* On voit par là que l'infante est bien loin de partager l'opinion de *Scudéri* sur le caractère de Chimène. L'infante considère comme une preuve de générosité ce que *Scudéri* regarde comme une monstruosité. Nous avouons que le jugement de l'infante nous paraît plus excusable et plus conforme aux idées et aux mœurs du onzième siècle que celui de *Scudéri*.

Madame, pardonnez à cette promptitude.

Ce brusque départ de Chimène n'est que trop naturel. Ses appréhensions semblent se confirmer. Quel que soit donc l'empire du point d'honneur, comme, en définitive, il s'agit de son père et de son amant, elle se hâte de courir au lieu du combat, pour essayer de prévenir l'effusion du sang.

Ce qui va séparer Rodrigue de Chimène
Fait renaître à la fois mon espoir et ma peine ;
Et leur division que je vois à regret
Dans mon esprit charmé jette un plaisir secret.

L'infante est toujours partagée entre son amour et sa vertu. Ces deux sentiments luttent dans son cœur ; ce qui ranime l'un affaiblit l'autre, et réciproquement.

Vous laissez choir ainsi ce glorieux courage,
Choir n'est plus d'usage *(Voltaire)*.

Et la raison chez vous perd ainsi son usage.
Et vous perdez ainsi l'usage de la raison.

Apprends comme l'amour flatte un cœur qu'il possède.
Il fallait dire : *Apprends comment.* Il y a cette diffé-

rence entre *comme* et *comment*, que *comme* signifie ordinairement *de la même manière que*, et que *comment* signifie *de quelle manière*.

> Que ne fera-t-il point s'il peut vaincre le Comte ?
> J'ose m'imaginer qu'à ses moindres exploits
> Les royaumes entiers tomberont sous ses lois ;

Il nous semble que l'imagination de l'infante s'enflamme bien aisément, et qu'elle accumule prodige sur prodige, à la suite du résultat que peut avoir un combat singulier. S'il s'agissait de vaincre le Comte en bataille rangée, on conçoit que la victoire de Rodrigue pourrait faire bien augurer de son avenir. Mais tuer un homme en duel et conquérir des royaumes, sont deux choses fort différentes, et qui supposent des talents bien disproportionnés. On dira peut-être que l'événement justifie les prévisions de la princesse, et qu'après avoir tué le Comte, Rodrigue bat les Maures ; je le veux bien ; mais certainement la victoire qu'il remporte sur les Maures suppose un tout autre talent que celui d'habile duelliste, et ce dernier talent ne fait pas du tout préjuger le premier. On peut dire cependant, pour infirmer notre observation, que, dans les guerres du onzième siècle, l'adresse et la valeur personnelles avaient plus d'influence sur l'issue des combats qu'elles n'en peuvent avoir de nos jours, et qu'il n'y avait pas alors autant de disproportion qu'il y en aurait aujourd'hui entre la victoire remportée par Don Rodrigue sur Don Gomès et la conquête de quelques royaumes mauresques.

> Rodrigue est offensé, le Comte a fait l'outrage ;
> Ils sont sortis ensemble, en faut-il davantage ?

Il semble résulter de ceci que l'infante trompait Chimène, et qu'elle voulait calmer son imagination lorsqu'elle lui disait tout-à-l'heure que l'affaire pouvait s'accommoder. Il est vrai qu'alors elle ignorait que le Comte et Rodrigue étaient sortis ensemble en se querellant. N'importe ; dès que les deux parties intéressées se sont rencontrées, l'infante conçoit la nécessité du combat. Nous pouvons donc la ranger au nombre des personnages assez nombreux qui professent l'opinion émise par Chimène, opinion qui a valu à celle-ci, de la part de *Scudéri*, le nom de monstre.

> Que veux-tu ? Je suis folle et mon esprit s'égare ;
> Mais c'est le moindre mal que l'amour me prépare.

Il y a de la contradiction dans le sens de ces vers ; car comment l'amour lui peut-il préparer un mal qu'elle sent déjà *(Académie)* ? Cette censure de l'*Académie* nous paraît bien sévère. Il n'y a pas autant de contradiction qu'on veut bien le dire dans ces deux vers dont le sens est parfaitement clair. *Que veux-tu ? Je suis folle et mon esprit s'égare ; mais la folie est le moindre des maux que me prépare mon amour.* Et, en effet, son amour lui prépare le déshonneur, et, tout au moins, la déconsidération qui s'attache à une princesse assez peu soucieuse de son rang pour aimer un simple sujet. C'est cette sorte d'humiliation, ou, si l'on veut, cette espèce de déchéance que la princesse regarde comme un plus grand mal que la folie ; et, au point de vue où elle se place, elle a raison. Mais cette déchéance est un mal futur, et c'est à ce dernier mal que se rapporte le verbe *préparer*. Il est vrai que ce mot s'applique aussi à la folie que la princesse nous présente comme un fait accompli, et c'est là que gît la contradiction signalée par l'*Académie*; mais remarquez que l'expression : *Je suis folle* est immédiatement traduite par celle-ci : *Mon esprit s'égare.* Un esprit qui *s'égare* n'est pas un esprit *égaré.* Il y a donc dans cet égarement d'esprit de la princesse quelque chose de contingent à quoi peut très-bien s'appliquer le mot *prépare.* La contradiction signalée par l'*Académie* n'est donc pas si réelle qu'on pourrait le croire.

> Viens dans mon cabinet consoler mes ennuis,

L'infante se retire pour faire place aux nouveaux personnages qui vont occuper la scène. Il suit de là que, dans l'intention de Corneille, le second acte se passe tout entier dans le palais du roi, et dans la même salle du palais. On peut croire que cela sauve la vraisemblance; on peut croire, avec autant de raison, que cela n'est bon qu'à la compromettre.

> Je l'ai de votre part long-temps entretenu;
> J'ai fait mon pouvoir, sire, et n'ai rien obtenu.
> *Cet esclave est venu;*
> *Il a montré son ordre, et n'a rien obtenu.*
> (*Racine*, BAJAZET.)

> Justes Cieux ! ainsi donc un sujet téméraire
> A si peu de respect et de soin de me plaire !

A si peu de respect pour moi, et si peu de soin de me plaire !

> Quoi qu'ait pu mériter une telle insolence,

Il s'agit de l'insolence qu'a eue le comte de Gormas de donner un soufflet à Don Diègue.

> Don Sanche, taisez-vous, et soyez averti
> Qu'on se rend criminel à prendre son parti.

Cette scène paraît presque aussi inutile que celle de l'infante; elle avilit d'ailleurs le roi qui n'est point obéi. Après que le roi a dit : *taisez-vous,* pourquoi dit-il, le moment d'après : *parlez ?* et il ne résulte rien de cette scène *(Voltaire).* Cette scène, loin d'être inutile, annonce le caractère audacieux et la confiance présomptueuse du jeune Don Sanche, qui se flatte, comme on le verra dans le cours de la pièce, non seulement de venger le comte de Gormas, mais de disputer Chimène à Rodrigue *(Palissot).*

> J'obéis et me tais ; mais, de grâce encor, sire,
> Deux mots en sa défense.

Après avoir dit, *j'obéis et me tais,* il ne devait point continuer de parler ; car ce n'est pas se vouloir taire que de demander à dire deux mots en sa défense *(Académie).* Le langage de Don Sanche est très-convenable et très-naturel. Il a parlé d'abord du droit qu'a tout homme libre de prendre la parole devant son prince. Le roi lui ayant imposé silence, il commence par obéir, et il manifeste l'intention de se taire ; après quoi il demande la permission d'ajouter deux mots en faveur du comte. Cette permission est implicitement contenue dans la réplique du roi : *Et que pourrez-vous dire ?* De sorte que Don Sanche ne reprend la parole qu'après y avoir été autorisé. Le roi est donc obéi, quoi qu'en dise *Voltaire.* Il n'y a ni chez le roi, ni chez Don Sanche, quoi qu'en dise l'*Académie,* aucune contradiction répréhensible. Ce sont bien là, au contraire, les mouvements naturels de la conversation.

> Commandez que son bras, nourri dans les alarmes,
> Répare cette injure à la pointe des armes.

On ne peut dire *un bras nourri dans les alarmes ;* et il a mal pris en ce lieu la partie pour le tout *(Académie).*

> Il satisfera, Sire; et vienne qui voudra,
> Attendant qu'il l'ait su, voici qui répondra.

Don Sanche veut qu'on impose au Comte l'obligation de réparer par les armes l'injure qu'il a faite à Don Diègue. Il affirme que le Comte s'y soumettra; et, en attendant, il s'offre lui-même à donner cette satisfaction. Le combat singulier est donc conforme aux mœurs de cette époque. C'est une chose éminemment permise, puisqu'elle peut être commandée. Il y aura donc une contradiction manifeste à supposer plus tard que Rodrigue puisse être poursuivi pour avoir tué le Comte en combat singulier.

> Au reste, on a vu dix vaisseaux
> De nos vieux ennemis arborer les drapeaux;
> Vers la bouche du fleuve ils ont osé paraître.

N'est-ce pas une grande faute de parler avec tant d'indifférence du danger de l'Etat? N'aurait-il pas été plus intéressant et plus noble de commencer par montrer une grande inquiétude de l'approche des Maures, et un embarras non moins grand d'être obligé de punir dans le Comte le seul homme dont il espérait des services utiles dans cette conjoncture? N'eût-ce pas même été un coup de théâtre que, dans le temps où le roi eût dit : *Je n'ai plus d'espérance que dans le Comte*, on lui fût venu dire : *Le Comte est mort?* Cette idée même n'eût-elle pas donné un nouveau prix au service que rend ensuite Rodrigue en faisant plus qu'on n'espérait du Comte *(Voltaire)*? L'observation de Voltaire ne manque pas de justesse; mais nous ferons remarquer, à notre tour, qu'il s'agit ici d'un personnage et d'un détail tout-à-fait secondaires. Le roi Fernand, tout roi qu'il est, n'est pas le héros de la pièce. Qu'on lui eût donné un rôle un peu plus élevé

et qu'on l'eût fait valoir un peu plus, à la bonne heure!
Mais on conçoit que le poète, préoccupé de sa conception
capitale, se néglige un peu sur des détails qui, à tout
prendre, peuvent offrir une combinaison plus ou moins
heureuse, sans compromettre la beauté de la pièce. C'est
surtout quand les grandes figures de Chimène et de Rodrigue posent devant nous que nous devons demander
compte au génie de Corneille de ses inventions et de ses
ressources. Le reste doit nous occuper d'une manière
moins exclusive. Qui est-ce qui s'intéresse assez vivement à Don Fernand pour regretter qu'on ne lui ait pas
donné le rôle d'un grand politique ou d'un capitaine consommé? Quant à Rodrigue, sa victoire sur les Maures
établit très-clairement ce que Voltaire ambitionne pour
lui, le mérite inespéré de remplacer le Comte et de
rendre au roi et au pays ce qu'il leur a ôté en le faisant
périr.

> C'est l'unique raison qui m'a fait dans Séville
> Placer depuis dix ans le trône de Castille.

Ces deux vers semblent destinés à justifier, ou du
moins à faire connaître l'anachronisme que Corneille
s'est permis en plaçant la scène à *Séville*. A l'époque où
se passent les événements qui font le sujet du Cid, Séville
appartenait encore aux Maures, et la capitale de la Castille était *Burgos*. C'est à Burgos que Guilhem de Castro
a placé le lieu de la scène. Si Corneille a fait autrement,
c'est qu'il avait besoin d'un port pour supposer, de la
part des Maures, un débarquement qui donnât lieu à la
victoire de Rodrigue, sans nuire à l'unité de temps.

> Pour les voir de plus près, et d'un ordre plus prompt
> *Et par des ordres plus promptement donnés.*

> Dès que j'ai su l'affront, j'ai prévu la vengeance,
> Et j'ai voulu dès-lors prévenir ce malheur.

Remarquez de quelle manière le roi Don Fernand s'exprime sur la mort du comte. Il la considère comme un *malheur*. Il est loin d'y voir un *crime*. Et, en effet, la conduite de Rodrigue ne saurait être considérée comme criminelle, lorsqu'on réfléchit aux mœurs et aux lois du XIe. siècle.

> Chimène à vos genoux apporte sa douleur :
> Elle vient tout en pleurs vous demander justice.

Ceci tendrait à faire croire que, sous le règne de Don Fernand, il y avait, en Castille, des lois contre le duel. Nous nous permettrons d'en douter.

> Bien qu'à ses déplaisirs mon ame compatisse,
> Ce que le comte a fait semble avoir mérité
> Ce juste châtiment de sa témérité.

On voit que Don Fernand se considère comme impuissant à l'égard de Rodrigue. Il reconnaît qu'il y a une sorte de justice dans le châtiment que Rodrigue a infligé au comte de Gormas. Que devient alors l'idée de punir ?

> Sire, sire, justice.

Voyez comme dès ce moment les défauts précédents disparaissent, quelle beauté dans le poète espagnol et dans son imitateur ! Le premier mot de Chimène est de demander justice contre un homme qu'elle adore. C'est peut-être la plus belle des situations. Quand, dans l'amour, il ne s'agit que de l'amour, cette passion n'est pas tragique. *Monime* aimera-t-elle *Xipharès* ou *Pharnace* ? *Antiochus* épousera-t-il *Bérénice* ? Bien des gens répondent, que m'importe ? Mais *Chimène* fera-t-elle couler le sang du *Cid* ? Qui l'emportera d'elle ou de *Don*

Diègue? Tous les esprits sont en suspens, tous les cœurs sont émus *(Voltaire)*. Il y a certainement quelque chose de fondé dans l'observation de Voltaire, et dans l'approbation qu'il donne à cette situation. Nous ne prétendons pas précisément faire le procès au poète espagnol qui l'a imaginée, ni au poète français qui a marché sur les traces de son devancier. Nous admettons qu'il y a là une situation fort belle. Mais peut-être cette beauté a-t-elle plus d'éclat que de solidité. Est-ce bien là la place de Chimène? Est-ce bien là la première démarche qu'elle eût à faire immédiatement après la mort de son père? N'y a-t-il pas un peu d'ostentation dans cette démonstration hostile contre Rodrigue? La question a été soulevée par *Scudéri*, et nous ne pensons pas que l'*Académie* l'ait résolue de la manière la plus satisfaisante. *Soit que Chimène voulût perdre Rodrigue, soit qu'elle ne le voulût pas,* dit l'*Académie, elle était toujours obligée de témoigner qu'elle en avait l'intention, et de partir au même instant, afin de le poursuivre.* Ce dilemme serait concluant s'il était démontré que Chimène *doit vouloir perdre Rodrigue;* car le raisonnement de l'Académie repose tout entier sur cette hypothèse. Mais, s'il était démontré, au contraire, que Chimène *ne doit pas vouloir perdre Rodrigue,* elle ne serait pas *obligée* de témoigner qu'elle en a l'intention; et dès lors la critique de *Scudéri* prendrait plus de valeur qu'il n'a eu l'air de lui en donner lui-même. Or, c'est là précisément que gît la difficulté, et nous croyons placer la question sur son véritable terrain. Le premier devoir de Chimène est-il de chercher à venger son père, et de solliciter la mort de son meurtrier? On peut répondre, ce nous semble, qu'après la mort du comte, le premier devoir de sa fille, c'est de le pleurer, de donner, chez elle, un libre cours à sa douleur, de déplorer la terrible fatalité qui a fait périr son père sous les coups de Don Rodrigue, et enfin, et par dessus tout, de prendre la résolution cruelle, mais parfaitement motivée, de ne jamais donner sa main au meurtrier de son père. Mais courir sur-le-champ se jeter aux pieds du roi, faire une sorte d'étalage de son désespoir, demander la tête de Rodrigue, et oublier de dire qu'on ne sera jamais sa femme, cela semble trahir chez Chimène la crainte qu'on ne l'accuse de ne point aimer assez son père, et le besoin de cacher son amour pour Rodrigue sous une démonstration solennelle d'amour filial.

> Je demande justice.

Justice de quoi? Il n'y a de justice que pour les crimes et pour les délits. La question est de savoir si, au temps de Chimène, le duel était considéré comme un crime ou comme un délit. Nous croyons que, sur ce point, Corneille s'est permis un véritable anachronisme. Et comme il ne manque pas de passages dans la pièce, où les personnages parlent et raisonnent d'une manière tout-à-fait conforme à notre hypothèse, il s'ensuit que Corneille s'est permis quelque chose de pire qu'un anachronisme, c'est-à-dire une éclatante contradiction.

> Pour la juste vengeance il n'est point de supplice.

Don Diègue nous paraît parler en homme de son temps. *Il n'y a point de supplice*, dit-il, *pour la juste vengeance.* Il n'y a pas de lois contre le combat singulier. Telle était, nous le croyons bien, la véritable jurisprudence du XIe siècle.

> Ce sang qui tout sorti fume encor de courroux
> De se voir répandu pour d'autres que pour vous :

C'est le poète qui dit que *ce sang fume de courroux*, ce n'est pas assurément Chimène : on ne parle pas ainsi d'un père mourant *(Voltaire)*.

> J'ai couru sur le lieu sans force et sans couleur,
> Je l'ai trouvé sans vie.

J'ai couru sur le lieu, sur le lieu du combat. *Je l'ai trouvé sans vie.* Le comte était mort, lorsque Chimène est arrivée sur le lieu de la scène. D'après cela, il est extrêmement probable que Rodrigue avait déjà disparu, et que Chimène ne l'a pas rencontré. D'un autre côté, Rodrigue ne sait pas que Chimène est venue se jeter aux pieds du roi.

> Prends courage, ma fille, et sache qu'aujourd'hui
> Ton roi te veut servir de père au lieu de lui.

Don Fernand s'offre généreusement à servir de père à Chimène. Cela fait honneur à son caractère que les critiques de Corneille ont un peu trop déprécié. Au reste, cette offre nous paraît être l'expression de tout ce qu'il peut faire, sous l'influence des idées, des mœurs, et par conséquent des lois de son époque. Don Fernand ne parle pas du tout de châtier Rodrigue. Et, en effet, Rodrigue n'a mérité aucune sorte de châtiment, ni de la part du roi, ni de la part des tribunaux.

> Son flanc était ouvert ; et, pour mieux m'émouvoir,
> Son sang sur la poussière écrivait mon devoir.

Certainement Chimène se trompe sur la nature du devoir que lui prescrit la mort de son père. Le sang du comte versé par la main de Rodrigue lui fait une loi de ne plus songer à épouser celui qui l'a rendue orpheline.

Dès ce moment elle doit réprimer sa passion pour Rodrigue, et renoncer à l'espérance qu'elle avait conçue de devenir sa femme. Mais la mort de son père, arrivée par la faute de celui-ci, ne lui fait pas un devoir de poursuivre celui qui, de son côté, a vengé son père, et qui d'après les mœurs et la jurisprudence du temps, n'a rien à se reprocher. Les paroles de Chimène ne tendent à rien moins qu'à mettre le comte de Gormas en pleine contradiction avec lui-même. Et, en effet, le comte de Gormas n'a-t-il pas dit à Rodrigue, après avoir entendu sa provocation :

Je sais ta passion, et suis ravi de voir
Que tous ses mouvements cèdent à ton devoir;
Qu'ils n'ont point affaibli cette ardeur magnanime;
Que ta haute vertu répond à mon estime,
Et que voulant pour gendre un cavalier parfait,
Je ne me trompais point au choix que j'avais fait.
Viens, tu fais ton devoir; et le fils dégénère
Qui survit un moment à l'honneur de son père?

D'après cela, il est impossible d'admettre que, si le comte eût survécu à sa blessure, ou s'il eût pu parler après sa mort, il eût demandé la tête de Rodrigue.

Ou plutôt sa valeur, en cet état réduite,
Me parlait par sa plaie, et hâtait ma poursuite;
Et, pour se faire entendre au plus juste des rois,
Par cette triste bouche elle empruntait ma voix.

La plaie du comte forme une triste bouche par laquelle la valeur du comte emprunte la voix de Chimène pour se faire entendre au roi. Tout cela est bien forcé, bien peu naturel. Toutes ces images sont exagérées, manquent de justesse et de vérité. Au reste, jusqu'à présent Chimène a fait un tableau plus ou moins touchant de la mort de son père ; mais elle n'a rien dit qui tendît à établir la culpabilité de Rodrigue. C'est cette nouvelle partie de sa tâche qu'elle va maintenant essayer de remplir, et on va voir jusqu'à quel point elle y réussit.

> Sire, ne souffrez pas que sur votre puissance
> Règne devant vos yeux une telle licence,

Quelle licence? La licence d'appeler en duel les gens qui donnent des soufflets à nous ou aux nôtres. Cette licence n'en était pas une, au onzième siècle, et ce n'était pas entreprendre sur l'autorité royale que de venger par les armes ses injures personnelles. Chimène elle-même est destinée à nous en offrir un exemple, lorsque, pour se venger de Rodrigue, elle aura publiquement recours à l'épée de Don Sanche.

> Que les plus valeureux avec impunité
> Soient exposés aux coups de la témérité,
> Qu'un jeune audacieux triomphe de leur gloire,
> Se baigne dans leur sang, et brave leur mémoire.

Et brave leur mémoire est un peu vague ; cela signifie probablement : *et semble insulter par sa vie à la mémoire de ceux qu'il a tués.* Quoi qu'il en soit, tout cela est bien faible de raisonnement. Cela ne prouve pas que Rodrigue soit un grand criminel. Chimène elle-même se borne à l'appeler *téméraire* et *audacieux.* Mais l'audace et la témérité sont-elles donc dignes de mort?

> Un si vaillant guerrier qu'on vient de vous ravir,
> Eteint, s'il n'est vengé, l'ardeur de vous servir.

L'argument de Chimène est très-mauvais pour deux raisons. D'abord le comte n'est pas mort pour le service du roi : il a joué sa vie dans l'intérêt d'une misérable querelle personnelle qu'il a lui-même provoquée. En second lieu, si les sujets du roi ne doivent pas être tués impunément, on ne voit pas non plus pourquoi ils seraient impunément outragés. Si lorsque le roi élève un de ses serviteurs, le premier venu qui se trouve blessé de cette élévation, a le droit de le souffleter, il n'est pas prouvé que le service du roi puisse y gagner beaucoup. Don Fernand a répondu d'avance à Chimène, lorsqu'en s'adressant à Don Sanche, et en parlant de la conduite du comte, il a dit :

D'ailleurs l'affront me touche; il a perdu d'honneur,
Celui que de mon fils j'ai fait le gouverneur.
S'attaquer à mon choix, c'est se prendre à moi-même,
Et faire un attentat sur le pouvoir suprême.

Enfin, mon père est mort,

La tournure est assez naïve. Qu'il soit mort à tort ou à raison, qu'il ait été tué justement ou injustement, peu importe; le fait est qu'il est mort. Chimène a donc l'air d'ignorer ou de méconnaître qu'il y a un immense intervalle entre un simple fait et un crime capital.

J'en demande vengeance,
Plus pour votre intérêt que pour mon allégeance :
Vous perdez en la mort d'un homme de son rang;
Vengez-la par une autre, et le sang par le sang.

Voici un langage qui a du moins le mérite de la précision et de la clarté. Chimène avait donc tort de demander *justice*. Ce qu'elle demande, c'est la *vengeance*. *Sang pour sang*, telle est sa formule. Cela est moins moral, il est vrai ; mais cela est moins vague que tout ce qu'elle a dit un peu plus haut. Ce dernier sentiment n'est guère propre à relever son caractère. Aussi, comme pour échapper à cette sorte de dégradation, elle a l'air de ne pas demander vengeance pour elle-même : c'est pour le roi qu'elle demande une satisfaction. Son ressentiment personnel se cache ou feint de se cacher sous le voile de l'intérêt public.

> Immolez, non à moi, mais à votre couronne,
> Mais à votre grandeur, mais à votre personne,
> Immolez, dis-je, sire, au bien de tout l'Etat,
> Tout ce qu'enorgueillit un si grand attentat.

Il serait à désirer que le patriotisme de Chimène fût sincère ; mais nous avons le droit de le tenir pour suspect. C'est la seule et unique fois qu'elle mette en avant l'intérêt public, et qu'elle parle du *bien de tout l'Etat*. Au quatrième acte, après la victoire de Rodrigue sur les Maures, lorsque l'infante viendra lui faire entendre, au nom du pays, les accents les plus nobles et les plus touchants, elle restera complètement et profondément insensible à cette grande voix de la patrie. Chimène paraît donc dissimuler ici, comme elle paraît le faire en plusieurs autres circonstances. Et ce qu'il y a vraiment d'extraordinaire, c'est qu'il pourrait bien y avoir, dans son langage, une double dissimulation. Non seulement elle affecte de demander vengeance de la mort de son père, dans l'intérêt du roi et de sa couronne, plutôt que dans son propre intérêt ; il pourrait bien se faire encore que toute sa colère contre Rodrigue fût elle-même simulée, et qu'elle n'eût aucune envie de le faire périr. Ceci est une question que nous trouverons l'occasion de poser de nouveau, et que nous essaierons de résoudre plus tard.

> Don Diègue, répondez,

Il y a quelque chose de solennel et d'imposant dans les trois mots que prononce le roi. Cette injonction simple et brève fait bien ressortir la dignité du souverain et l'impartialité du juge. Don Fernand n'est pas aussi ravalé qu'on le prétend.

> Qu'on est digne d'envie,
> Lorsqu'en perdant la force, on perd aussi la vie !
> Et qu'un long âge apprête aux hommes généreux,
> Au bout de leur carrière, un destin malheureux !

Cet exorde est tiré, comme on le voit, des circonstances personnelles à l'orateur. Cela est d'autant plus convenable que les vieillards aiment assez à parler de ce qui les concerne.

> Moi, dont les longs travaux ont acquis tant de gloire,
> Moi que jadis partout a suivi la victoire,
> Je me vois aujourd'hui, pour avoir trop vécu,
> Recevoir un affront et demeurer vaincu.

Cette dernière réflexion est très-propre à prévenir les auditeurs en faveur de Don Diègue. On voit avec plaisir qu'il préfère l'honneur à la vie. Ce sentiment doit lui attirer la bienveillance et la sympathie de tous ceux qui l'écoutent.

> Le comte, en votre cour, l'a fait presque à vos yeux,
> Jaloux de votre choix et fier de l'avantage
> Que lui donnait sur moi l'impuissance de l'âge.

Les deux derniers vers se rattachent à la phrase qui précède, et la prolongent d'une manière peu agréable pour l'harmonie. Il est à regretter que la phrase ne s'arrête point à *vos yeux*, et que les vers qui viennent ensuite ne commencent pas une autre période.

> Sire, ainsi ces cheveux blanchis sous le harnois,
> Ce sang pour vous servir prodigué tant de fois,

> Ce bras jadis l'effroi d'une armée ennemie,
> Descendaient au tombeau tout chargés d'infamie,

On conçoit que les *cheveux* et les *bras* descendent au tombeau; mais cela peut-il se dire également du *sang?* Où est le sang quand on est mort?

> Si je n'eusse produit un fils digne de moi,
> Digne de son pays, et digne de son roi.
> Il m'a prêté sa main, il a tué le comte ;
> Il m'a rendu l'honneur, il a lavé ma honte.

Ces quatre vers offrent un beau modèle de style noble, précis et vigoureux.

> Sur moi seul doit tomber l'éclat de la tempête :
> *C'est sur moi que la tempête doit éclater.*

> Qu'on nomme crime ou non ce qui fait nos débats,
> Sire, j'en suis la tête, il n'en est que le bras.

On peut bien donner une tête et des bras à quelques corps figurés, comme, par exemple, à une armée ; mais non pas à des actions, comme des crimes, qui ne peuvent avoir ni tête ni bras *(Académie)*. Il est évident pour nous que l'*Académie* n'a pas compris le passage sur lequel porte sa censure. Il n'est point question de donner une tête ni des bras à un crime ; ce n'est point de cela qu'il s'agit, et la critique porte à faux. La pensée de Don Diègne est celle-ci : *qu'on nomme crime ou non l'action qui a provoqué notre débat, je suis la tête d'où est sortie l'idée de cette action ; Rodrigue, c'est le bras qui l'a exécutée.* Tel est le sens que nous paraissent offrir ces deux vers. Après cela, dire qu'on est *la tête d'un crime*, parce qu'on a conçu l'idée de ce crime, dire qu'on est *le bras du crime*, parce qu'on est le bras qui l'a exécuté, se sont là, nous en convenons volontiers, des expressions fort défectueuses, c'est-à-dire des expressions trop vagues et trop équivoques pour rester claires. La preuve en est que l'*Académie* elle-même s'est trompée sur le véritable sens que présentent ces expressions. Mais enfin la première condition à remplir, pour reprendre un auteur, c'est de le comprendre, et lorsqu'on veut critiquer avec fruit, il faut donner un sens précis à sa critique. Si la pensée est blâmable, il faut blâmer la pensée; si c'est l'expression qui est vicieuse, c'est à l'expression qu'il faut s'en prendre. Dans le passage que nous venons de signaler, c'est l'expression qui est mauvaise. La critique de l'*Académie* semble s'adresser plutôt à la pensée qui, considérée en elle-même, est parfaitement irréprochable.

> Si Chimène se plaint qu'il a tué son père,
> Il ne l'eût jamais fait si je l'eusse pu faire.

On ne peut pas revendiquer avec plus de franchise et de netteté la responsabilité du fait qui semble autoriser la poursuite de Chimène contre Rodrigue.

> Immolez donc ce chef que les ans vont ravir,
> Et conservez pour vous le bras qui peut servir;

Don Diègue ne sacrifie aucun de ses avantages. Lui aussi, il fait un appel à l'intérêt personnel de son juge; mais avec quelle supériorité il emploie, pour sauver son fils, le moyen dont Chimène a voulu essayer pour le perdre! Chimène n'a pu mettre en avant que l'intérêt fort contestable d'une vengeance aveugle et brutale. Don Diègue, au contraire, invoque ici un intérêt positif, évident, parfaitement légitime et qu'on peut très-bien avouer.

> Mourant sans déshonneur je mourrai sans regret.

Cette dernière pensée couronne dignement le discours de Don Diègue, qui est extrêmement remarquable d'un bout à l'autre. C'est un vrai chef-d'œuvre de logique, d'énergie et de précision. Les nobles regrets d'un vieillard qui, parvenu au terme de sa longue carrière, conserve, dans un corps affaibli, une ame pleine de sève et de verdeur, le sentiment profond de l'honneur et de la justice, l'exaltation de la tendresse et de l'orgueil paternels, la spontanéité du dévouement chevaleresque, tous les sentiments les plus élevés s'y pressent et s'y développent dans un enchaînement irrésistible. Il est évident que le vieux Don Diègue a tout l'avantage de la discussion ; et il faut convenir qu'en se plaçant à son point de vue, au point de vue de cette morale imparfaite et grossière qui légitime le combat singulier, c'est l'adversaire de Chimène qui a raison.

>   L'affaire est d'importance, et, bien considérée,
>   Mérite en plein conseil d'être délibérée.

Etre délibérée, pour *être mise en délibération*. La réponse du roi est complètement évasive. L'innocence de Rodrigue est tellement évidente qu'il n'y a pas même lieu à délibérer. Et le fait est que le conseil ne sera point réuni, et qu'il n'y aura aucune délibération à ce sujet.

>   Don Diègue aura ma cour et sa foi pour prison.

Ceci est encore une menace en l'air, et qui n'entraînera aucune conséquence fâcheuse pour Don Diègue. Cet ordre d'emprisonnement est à peine donné que le roi, le poète et Don Diègue n'ont rien de plus pressé à faire que de l'oublier. Dès le milieu de l'acte suivant, nous allons voir Don Diègue parcourant toutes les rues de Séville, et se livrant à la recherche de son fils. Aussitôt qu'il l'aura rencontré, il lui apprendra qu'il vient de chez lui où il a trouvé cinq cents gentilshommes de ses amis, tout disposés à venger son offense, et à punir le comte de Gormas. Voilà un homme qui garde singulièrement bien les arrêts qui lui ont été infligés, ou, pour mieux dire, voilà un homme qui est bien coupable, qui se croit bien coupable, et qui passe bien réellement et bien généralement pour l'être !

Il est juste, grand roi, qu'un meurtrier périsse.

Cela n'est pas aussi juste que Chimène veut bien le dire. Il y a meurtre et meurtre. On ne peut pas être puni de mort pour un meurtre quelconque. Il y a des circonstances qui atténuent la culpabilité du meurtre ; il y en a d'autres qui semblent le justifier pleinement.

M'ordonner du repos, c'est croître mes malheurs.

C'est *accroître*, c'est *augmenter* mes malheurs.

ACTE TROISIEME.

SCÈNE Ire.

Ici le théâtre représente, de toute nécessité, l'intérieur de la maison du comte de Gormas. Les quatre premières scènes de ce troisième acte n'ont aucun sens si le spectateur n'est pas suffisamment averti qu'elles se passent chez Chimène.

ELVIRE, Don RODRIGUE.

Rodrigue a tué le comte de Gormas ; il a vengé son père ; mais il a cruellement offensé sa fiancée, ou, pour mieux dire, il lui a fait un sensible dommage. Cette situation lui impose des devoirs bien pénibles et bien cruels. Rodrigue n'hésitera pas à les remplir. Il sait bien tout ce qu'on peut dire d'un homme qui se rend dans la maison de celui qu'il vient de tuer. Mais que sont les propos vulgaires et les considérations de second ordre pour un homme qui a le sentiment profond de son devoir et la conscience claire de sa position ? Il faut que Rodrigue voie Chimène. On n'abandonne pas ainsi sa fiancée, on ne brise pas tout-à-coup des liens qui ont été sur le point d'être formés de la manière la plus solennelle et la plus indissoluble. Cette démarche de Rodrigue a été blâmée comme inconvenante. C'est-à-dire qu'on a raisonné à peu près comme Elvire, esprit grossier et du plus bas étage ; c'est-à-dire qu'on n'a pas voulu comprendre tout ce qu'il y a de grand et de sublime dans la conduite de Rodrigue. *Quand Rodrigue prit la résolution de tuer le comte, dit* Scudéri, *il devait prendre celle de ne revoir jamais sa fille.* Mais d'abord Rodrigue n'a jamais pris la résolution de tuer le comte. Il s'est résolu à le provoquer en duel, et à se battre avec lui, en courant la chance de se faire tuer lui-même. Ensuite, après avoir tué le comte, il n'en a pas fini avec sa fille. Il a certainement quelque chose à lui dire, et Scudéri y met de la mauvaise volonté.

Rodrigue, qu'as-tu fait ? Où viens-tu, misérable.

Cette question est parfaitement naturelle, dans la bouche d'Elvire. La suivante s'étonne, et elle a droit de s'étonner que Rodrigue ose paraître dans la maison de celui qu'il a tué. Mais observons qu'Elvire est un personnage très-secondaire, et qu'elle représente tout ce qu'il y a de plus prosaïque et de plus vulgaire, par opposition aux figures héroïques de Rodrigue et de Chimène.

Suivre le triste cours de mon sort déplorable.

Sans doute; mais cela est parfaitement inintelligible pour Elvire qui n'est pas taillée sur le patron de Rodrigue ou de Chimène, et qui ne peut rien comprendre à ce langage.

Où prends-tu cette audace et ce nouvel orgueil
De paraître en des lieux que tu remplis de deuil ?

Rodrigue a donné une première preuve d'orgueil en provoquant le comte, et en osant se mesurer avec lui. La démarche qu'il fait, en ce moment, est, au dire d'Elvire, une seconde preuve d'orgueil.

Quoi ! viens-tu jusqu'ici braver l'ombre du comte ?

Elvire attribue d'abord à l'orgueil l'apparition de Rodrigue dans la maison du comte de Gormas. Elle est tentée d'y voir une méchante bravade. Première hypothèse d'un esprit grossier et borné pour essayer de s'expliquer la conduite d'un génie supérieur qu'il ne peut comprendre.

> Mais chercher ton asile en la maison du mort ?
> Jamais un meurtrier en fit-il son refuge ?

Nouvelle hypothèse, aussi fausse que la première, et qui continue à nous démontrer que l'ame de Rodrigue est un livre fermé pour des esprits de la trempe d'Elvire.

> Je cherche le trépas après l'avoir donné.
> Mon juge est mon amour, mon juge est ma Chimène ;
> Je mérite la mort de mériter sa haine ;
> Et j'en viens recevoir comme un bien souverain,
> Et l'arrêt de sa bouche, et le coup de sa main.

Nous savons maintenant ce que Rodrigue vient faire dans la maison du comte de Gormas. Après avoir accompli ce qu'il devait à son père, il vient s'acquitter envers sa maîtresse. Il vient lui offrir sa vie en expiation de la mort qu'il a donnée au comte. Remarquons d'ailleurs que cette démarche est entièrement spontanée de la part de Rodrigue. Celui-ci ne sait pas que Chimène est allée le dénoncer et le poursuivre auprès du roi.

> Fuis plutôt de ses yeux, fuis de sa violence ;
> A ses premiers transports dérobe ta présence ;
> Va, ne t'expose point aux premiers mouvements
> Que poussera l'ardeur de ses ressentiments.

Ceci est le dernier trait de pinceau et le comble de l'art. Elvire n'aurait jamais deviné l'intention de Rodrigue et le véritable motif de sa démarche. Il a fallu que Rodrigue les lui expliquât ; et certes il l'a fait aussi clairement et aussi nettement que possible Eh bien ! nous n'en sommes pas plus avancés. Elvire ne comprend pas mieux, après l'explication, ce qu'elle ne comprenait pas déjà auparavant. Au moment même où Rodrigue vient de faire devant elle la plus haute abnégation de sa vie, elle fait un appel à ses sentiments d'égoïsme et de personalité. *Fuis plutôt de ses yeux, dit-elle, fuis de sa violence.* Tant il est vrai que le génie moral, comme le génie poétique, n'est pas à la portée de toutes les ames, et que les héros, comme les poètes, ne doivent pas trop sacrifier au jugement de la foule et à toutes ces opinions de bas aloi qui bourdonnent incessamment autour d'eux ! Elvire peut être considérée à bon droit comme une personnification anticipée de Scudéri.

Si, pour mourir plus tôt, je puis la redoubler.
Si je puis redoubler sa colère.

Chimène est au palais, de pleurs toute baignée ;
Elvire paraît enfin comprendre que les idées et les sentiments de Rodrigue sont au dessus de sa capacité. Elle passe à un autre sujet. Cependant l'infériorité de sa nature continue à se trahir par tout ce qu'elle ajoute.

Et n'en reviendra point que bien accompagnée.
Le sens de ce vers n'est pas très-clair, ou, pour mieux dire, ce qui n'est pas clair, c'est la portée de ce qu'il signifie. Le fait que Chimène ne reviendra pas seule est très-intelligible : ce qui ne se comprend pas très-bien, c'est ce qu'Elvire veut en inférer. Son intention est-elle d'effrayer Rodrigue par l'idée des mauvais traitements dont il pourrait être l'objet de la part de ceux qui accompagneront Chimène ? Ou bien Elvire veut-elle dire que la présence de Rodrigue compromettra Chimène aux yeux

d'un grand nombre de personnes? C'est ce dernier sens qui s'accorde le mieux avec ce qui suit.

> Que ne dira-t-on point si l'on te voit ici?

On ne peut pas dire qu'Elvire n'ait pas prévu les belles observations de *Scudéri*.

> Veux-tu qu'un médisant, pour comble à sa misère,
> L'accuse d'y souffrir l'assassin de son père ?

Elvire a parfaitement raison, et *Scudéri* n'a rien dit de plus fort. Mais, qu'on le remarque bien; ce sont ici des réflexions fort justes, à un point de vue donné, c'est-à-dire à un point de vue secondaire et inférieur. Au point de vue de Rodrigue et de Corneille, ces réflexions n'ont plus la moindre valeur. Sans doute, il n'entre pas dans l'intention de Rodrigue de compromettre Chimène aux yeux du monde; mais il est bien plus intéressant pour lui de ne pas rester compromis aux yeux de Chimène. Qu'on veuille donc bien se figurer que Chimène et Rodrigue ne sont pas étrangers l'un à l'autre, qu'il y a entr'eux comme une sorte de fiançailles, qu'ils étaient sur le point de se marier, et que la mort du comte les rend encore plus malheureux que Rodrigue n'est coupable. Que signifient et que peuvent signifier pour deux époux, ou pour deux ames étroitement et éternellement enchaînées, les relations que chacune d'elles peut avoir à soutenir avec le monde, à côté des relations qu'elles soutiennent et qu'elles doivent soutenir l'une à l'égard de l'autre? Après la mort du comte de Gormas, quelle est la situation de Rodrigue par rapport à Chimène? Où en est-il dans son esprit? Quelle idée se fait-elle de lui? Se le représente-t-elle comme un criminel, comme un forcené, indigne tout à la fois de sa tendresse et de son estime? Chimène s'imagine-t-elle que Rodrigue, après avoir tué le comte, se trouve complètement dégagé envers elle, qu'il l'abandonne à son mauvais destin, et qu'il n'a pas une consolation à lui donner, pas une seule expiation à lui offrir ? Voilà les importantes questions qui s'agitent dans l'esprit de Rodrigue, et dont il vient chercher la solution. Ou, pour mieux dire, Rodrigue vient se mettre à la disposition de Chimène, et lui offrir même sa vie, si elle juge à propos de lui en imposer le sacrifice. En présence de ces sublimes intérêts, que signifient les petits ménagements qui ont tant d'importance aux yeux d'Elvire et aux yeux de *Scudéri* ?

SCÈNE IIe. Don Sanche, Chimène, Elvire.

Chimène rentre chez elle ; elle revient du palais. Don Sanche l'accompagne. Nous voyons ainsi s'accomplir l'ordre que le roi a donné, à la fin du second acte ; *Don Sanche, remettez Chimène en sa maison.* Dans la position où se trouve Chimène, la compagnie de Don Sanche n'est pas aussi répréhensible que l'*Académie* a paru le croire. Sa présence momentanée chez Chimène donne lieu à une scène qui n'est pas sans intérêt, et qui se lie très-bien à l'action.

> Oui, Madame, il vous faut de sanglantes victimes ;
> Votre colère est juste, et vos pleurs légitimes ;

Il est probable que Don Sanche ne croit pas un mot de ce qu'il dit là. A la place de Rodrigue, il n'en aurait peut-être pas fait moins que lui. Mais il est amoureux de Chimène. A ce dernier titre, il doit flatter, chez elle, un ressentiment qu'il croit sincère. Il doit chercher à lui inspirer de l'aversion pour son rival.

> Et je n'entreprends pas, à force de parler,
> Ni de vous adoucir, ni de vous consoler.

Ne pas chercher à consoler Chimène, par un discours inutile, est une preuve de bon goût. Ne pas chercher à l'adoucir, est d'une bonne politique. Il ne pourrait adoucir Chimène qu'au profit de Rodrigue, et le succès de cette entreprise tournerait contre lui.

> Mais si de vous servir je puis être capable,
> Employez mon épée à punir le coupable ;
> Employez mon amour à venger cette mort :

Don Sanche propose à Chimène de provoquer Rodrigue et de l'appeler en duel. Et les lois contre le duel que nous invoquions tout-à-l'heure ! Don Sanche se met-il au-dessus des lois, ou se propose-t-il de les violer ? Non, non ; la proposition de Don Sanche est tout-à-fait conforme à la légalité du temps. Ce qui n'est point exact, c'est la supposition que Rodrigue ait violé cette légalité, et qu'il ait encouru le moindre châtiment, pour avoir tué le comte, en combat singulier.

> Malheureuse !

Don Sanche est dans l'erreur, et il commet une maladresse, sans s'en douter. Il suppose que le ressentiment de Chimène est sincère, et il croit lui faire sa cour, en lui proposant de la débarrasser de Rodrigue. Cette proposition, loin de sourire à Chimène, n'est propre qu'à l'épouvanter ; et c'est la perspective du résultat que le dessein de Don Sanche pourrait amener, c'est le sentiment de la contradiction qui existe entre ses désirs secrets et l'offre de service qu'on lui adresse, qui lui arrache cette exclamation : *malheureuse !*

Quelque insipidité qu'on ait trouvée dans le personnage de Don Sanche, il me semble qu'il fait là un effet très-heureux, en augmentant la douleur de Chimène; et ce mot *malheureuse*, qu'elle prononce sans presque l'écouter, est sublime. Lorsqu'un personnage qui n'est rien par lui-même sert à faire valoir le caractère principal, il n'est point de trop (*Voltaire*).

> J'offenserais le roi, qui m'a promis justice.

C'est ici un prétexte spécieux et fort bien trouvé; mais ce n'est pas la crainte d'offenser le roi qui motive réellement le refus de Chimène. La véritable raison qui lui fait repousser l'offre de Don Sanche, c'est qu'elle ne veut pas exposer la vie de son amant. Elle en viendra là plus tard, cela est vrai; mais, en ce moment, elle n'est point encore parvenue à ce degré d'emportement réel ou simulé.

> Vous savez qu'elle marche avec tant de langueur
> Qu'assez souvent le crime échappe à sa longueur;

Langueur n'est pas le mot propre; *longueur* vaut encore moins. Ces deux mots seraient avantageusement remplacés l'un et l'autre par *lenteur*. On dirait très-bien : *Vous savez qu'elle marche avec tant de lenteur*. On dirait tout aussi bien : *Qu'assez souvent le crime échappe à sa lenteur*. Il est assez singulier que le mot *lenteur* n'ait pas même été employé une fois, là où il y a deux places qui le réclament. La cause de cette bizarrerie doit être cherchée dans le vers suivant qui commence ainsi : *Son cours lent et douteux*. On ne pouvait pas employer le substantif *lenteur* et l'adjectif *lent* a une aussi faible distance l'un de l'autre. On aurait pu changer le troisième vers, et dire par exemple : *Son cours toujours douteux fait trop perdre de larmes;* dès lors le mot *lenteur* aurait pu s'introduire dans l'un des deux vers qui précèdent.

> Son cours lent et douteux fait trop perdre de larmes.

On dit bien du cours de la justice, comme du cours d'un fleuve ou d'une rivière, qu'il est *lent;* mais on ne dit guère qu'il est *douteux :* on dit *incertain.* C'est l'impropriété du mot *douteux* qui aura fait maintenir l'adjectif *lent,* pour produire une sorte de compensation, et telle est probablement la raison qui a définitivement banni le substantif *lenteur* des deux vers qui précèdent, et qui l'a empêché d'y remplacer soit *langueur,* soit *longueur.*

> C'est le dernier remède; et s'il y faut venir,
> Et que de mes malheurs cette pitié vous dure,
> Vous serez libre alors de venger mon injure.

Ceci est très-bien dit, et très-convenablement placé. Cette espèce d'engagement prépare l'incident de la cinquième scène du quatrième acte. Chimène se décidant alors à en appeler à l'épée d'un gentilhomme pour se venger de Rodrigue, elle se trouvera dans la nécessité de remettre sa vengeance à Don Sanche.

> C'est l'unique bonheur où mon ame prétend,
> Et, pouvant l'espérer, je m'en vais trop content.

Le rôle de Don Sanche n'est point *insipide,* comme on l'a dit. Le rôle de Don Sanche est un second rôle, voilà la vérité. Mais, pas plus au théâtre que dans la société dont le théâtre est l'image, tout le monde ne peut jouer le premier rôle. L'essentiel c'est que chaque rôle soit rempli de la manière la plus convenable. Or, c'est ce qui a lieu, dans le *Cid,* pour le rôle de Don Sanche. Les paroles de ce personnage sont convenables et naturelles. Ce jeune cavalier fait ce qu'il doit faire, il dit ce qu'il doit dire dans sa position. Il est sobre et retenu. Il exprime sa sympathie pour Chimène, il lui offre ses services, et, dès que Chimène les a en quelque sorte acceptés, il se retire. C'est ainsi que doit agir un homme bien élevé, qui n'a d'autre mission à remplir que de reconduire une femme chez elle, et qui, par politesse et par respect, ne doit pas rester trop long-temps.

SCENE III. Chimène. Elvire.

Cette scène est de la plus haute importance. Elle mérite d'être étudiée avec le plus grand soin. Nous sommes ici au cœur même de la pièce. Les situations doivent s'y dessiner avec autant de fidélité que d'énergie. Chimène est seule avec sa confidente. Elle va parler avec toute la franchise et tout l'abandon que comportent sa position et son caractère. Si l'on s'en rapporte à sa propre expression, *elle va ouvrir son ame.* Il suit de là que pour pénétrer dans ses sentiments les plus intimes, et pour surprendre le secret de ses émotions si complexes, si mobiles, si contradictoires, si passionnées, il faut recueillir toutes ses paroles, peser toutes ses confidences, et apprécier la portée de tous les aveux qui vont lui échapper.

> Enfin je me vois libre, et je puis sans contrainte
> De mes vives douleurs te faire voir l'atteinte ;
> Je puis donner passage à mes tristes soupirs ;

Enfin je me vois libre. Ces premiers mots sont très-expressifs. Ils suggèrent naturellement quelques observations peu favorables au caractère de Chimène. Elle est libre enfin ; c'est-à-dire qu'elle ne l'était point jusque-là ; c'est-à-dire que ce n'est point de son plein gré qu'elle a couru se jeter aux pieds du roi, pour y implorer sa justice contre le meurtrier de son père ; c'est-à-dire enfin que cette démarche lui a été dictée par le respect humain, qu'elle a sacrifié au *decorum*, et que, dans le fond de son cœur, il lui en a coûté beaucoup d'aller accuser son amant. Je m'étonne que *Scudéri* n'ait pas relevé cela. Il y avait matière à dire du mal de Chimène. Et, en effet, tandis que, dans Rodrigue, le devoir se superpose si naturellement à la passion, on voit qu'il n'en est pas de même chez Chimène. Ce qu'il y a de profond, ce qu'il y a d'absolu chez celle-ci, c'est sa passion pour Rodrigue. Le devoir se fait écouter, sans doute, ou, pour mieux dire, il se fait entendre ; mais le devoir est importun. On a l'air de lui obéir et de le suivre, devant le monde, et comme par manière d'acquit ; mais dès qu'on est rentrée chez soi, dès qu'on se trouve affranchie du joug de l'opinion publique, on s'abandonne à la passion, on se laisse aller à tout ce qu'il y a d'amer dans cette pensée qu'il faut renoncer à Rodrigue, et perdre du même coup son amant et son père. Et peut-être le père et l'amant ne sont-ils si souvent rappelés ensemble que pour faire passer l'amant à la faveur du père ? Ou nous nous trompons fort, ou le caractère de Rodrigue est bien supérieur pour la moralité, pour l'abnégation personnelle, pour la résignation stoïque à celui de Chimène. Et peut-être en devait-il être ainsi. Amour-propre de sexe à part, la femme est-elle destinée à porter le joug du devoir avec la même force et le même courage que l'homme ? Mais ici nous nous trouvons en pleine contradiction avec l'*Académie* qui a prétendu que s'il eût été permis au poète de faire que l'un des deux amants préférât son amour à son devoir, il eût été plus excusable d'attribuer cette faute à Rodrigue qu'à Chimène ; et cela, sur ce fondement que *Rodrigue est un homme, et que son sexe est comme en possession de fermer les yeux à toute considération pour se satisfaire en matière d'amour*. N'en déplaise à l'Académie, sa réflexion nous paraît très-hasardée, et, dans tous les cas, elle est parfaitement inapplicable à la situation respective de Chimène et de Rodrigue. Il y aurait dans les sentiments d'un homme qui rechercherait avec ardeur, et qui voudrait obtenir à toute force une jeune fille dont il aurait tué le père, quelque chose de si révoltant; et, d'un autre côté, il y aurait quelque chose de si abject dans les sentiments d'un homme qui, pour ne pas compromettre son amour, laisserait son vieux père déshonoré, que nous ne pouvons que féliciter Corneille d'avoir adopté une tout autre combinaison.

> Je puis t'ouvrir mon ame et tous mes déplaisirs.

On *ouvre* bien son ame, mais on n'*ouvre* pas ses déplaisirs. A cela près, *tous mes déplaisirs* est une expression remarquable. On voit que Chimène n'en est pas quitte pour un seul malheur. Elle a plusieurs chagrins à la fois : elle est agitée de mille inquiétudes diverses. La mort de son père, son amour pour Rodrigue, l'échec que cette passion vient de recevoir, les yeux du public fixés sur elle, la conduite qu'elle doit tenir, les résultats qui s'ensuivront, les jugements qu'on ne manquera pas de porter sur son compte : tout cela la préoccupe, la tourmente et l'obsède. Sa situation est éminemment dramatique.

> Mon père est mort, Elvire, et la première épée
> Dont s'est armé Rodrigue a sa trame coupée.

Voilà le fond de sa situation. Elle l'exprime avec une précision et une netteté désespérantes. Son père est mort, et c'est son amant qui l'a tué. Voilà la fatalité qui pèse sur elle. Voilà le cercle de fer dans lequel elle se trouve enlacée, et dont il lui paraît impossible de sortir autrement que par une détermination qui la déchire.

>Pleurez, pleurez, mes yeux, et fondez-vous en eau ;
>La moitié de ma vie a mis l'autre au tombeau,
>Et m'oblige à venger, après ce coup funeste,
>Celle que je n'ai plus sur celle qui me reste.

Scudéri trouvait là trois moitiés. Cette affectation, cette apostrophe à ses yeux, ont paru à tous les critiques une puérilité dont on ne trouve aucun exemple dans le théâtre grec.

Et ce n'est point ainsi que parle la nature.

Par quel art cependant ces vers touchent-ils ? N'est-ce point que

La moitié de ma vie a mis l'autre au tombeau,

porte dans l'ame une idée attendrissante qui subsiste encore malgré les vers qui suivent *(Voltaire)*. Nous n'acceptons pas toutes les réflexions de Voltaire. Et d'abord, il nous est impossible de voir la moindre trace d'affectation, la moindre puérilité dans cette apostrophe si naturelle et si vraie : *Pleurez, pleurez, mes yeux, et fondez-vous en eau*. En second lieu, dans les vers qui suivent, *Scudéri* n'a jamais trouvé trois moitiés. Il y a deux moitiés, il est vrai ; et, derrière ces deux moitiés, se retrouve l'unité qui subsiste, qui parle et qui agit, malgré la perte d'une moitié, et qui veut venger la moitié perdue sur la moitié restante. Tel est le sens de la critique de *Scudéri*. Nous sommes tout-à-fait de l'avis de *Voltaire* que *La moitié de ma vie a mis l'autre au tombeau* porte dans l'ame une idée attendrissante ; et il serait difficile, ce nous semble, de dire d'une manière plus expressive et plus touchante que l'amant a tué le père. Quant aux deux vers qui suivent, ils sont, pour la pensée comme pour l'expression, la conséquence du précédent ; ils forment avec lui un tout indivisible, et produisent une gradation qu'il est impossible d'obtenir sans eux. Et, en effet, c'est peu, ou, du moins, ce n'est pas tout que l'amant ait tué le père. Le comble du malheur, c'est que la vengeance due au père entraîne la perte de l'amant. C'est contre ce dernier résultat surtout que la passion de Chimène se soulève et se raidit. Il est donc impossible de sacrifier les deux derniers vers, sans nuire au résultat total, et sans mutiler le rôle de Chimène.

> Par où sera jamais ma douleur apaisée
> Si je ne puis haïr la main qui l'a causée ?
> Et que puis-je espérer qu'un tourment éternel,
> Si je poursuis un crime, aimant le criminel ?

Le caractère de Chimène est là tout entier. Elle aime Rodrigue, elle ne peut le haïr. Et cependant Rodrigue a tué son père, et son devoir lui fait une nécessité de le poursuivre. C'est là le fond de sa situation, situation éminemment tragique, comme on le voit. C'est là la source intarissable de ses douleurs et de ses plaintes, de ses appréhensions et de ses perplexités.

> C'est peu de dire aimer, Elvire, je l'adore.

Il y a là de quoi troubler bien des consciences, et de quoi soulever bien des scrupules. Et, en effet, ce vers semble annoncer que non seulement Chimène n'a pas cessé d'aimer Rodrigue, mais que sa passion pour lui n'a fait que s'accroître, depuis la mort du comte. Quelque extraordinaire et quelque paradoxal que cela puisse paraître, nous n'hésitons pas à penser que telle est en effet la situation morale de Chimène, et que c'est ainsi que Corneille a voulu nous la présenter. Réfléchissons un peu sur sa situation. Chimène aimait Rodrigue. Elle voyait en lui le germe de mille qualités précieuses ; elle croyait pouvoir bien augurer de son avenir. Or voilà que ces conjectures commencent à se réaliser ; voilà que Rodrigue vient de se signaler par un coup des plus glorieux. A peine sorti de la première jeunesse, il a vengé l'honneur de sa maison ; il a tué un adversaire aussi redoutable et aussi renommé que le comte de Gormas. Décidément Rodrigue est un héros ; en espérant beaucoup de lui, on ne s'est pas trompé. Supposons pour un moment que le comte de Gormas soit tout-à-fait étranger à Chimène ; nous n'aurons pas de peine à comprendre que la victoire de Rodrigue excite l'admiration de sa maîtresse, et redouble son affection pour lui. Malheureusement, c'est au détriment de Chimène que Rodrigue a fait ses premières preuves de bravoure et d'intrépidité. La victime qui sert de piédestal à sa gloire, n'est autre chose que le père même de sa fiancée. Cette circonstance fatale complique la situation sans la dénaturer ; elle jette Chimène dans une double série de sentiments contradictoires, et, tout au moins, antipathiques. Mais les deux espèces d'émotion qu'elle éprouve, pour être opposées et antipathiques, n'en sont pas moins naturelles toutes les deux ; et c'est leur double développement, c'est la lutte qu'elles soutiennent l'une à l'égard de l'autre qui font le fond de la tragédie, qui en vivifient tous les détails, qui en amènent tous les incidents et qui en provoquent toutes les péripéties.

> Ma passion s'oppose à mon ressentiment,
> Dedans mon ennemi je trouve mon amant,
> Et je sens qu'en dépit de toute ma colère
> Rodrigue dans mon cœur combat encor mon père ;

Il l'attaque, il le presse, il cède, il se défend,
Tantôt fort, tantôt faible, et tantôt triomphant :

Ce passage est admirable de vérité, de naturel et d'énergie. C'est une peinture aussi vive que fidèle des émotions de Chimène et de la lutte qui s'est établie entre ses sentiments les plus profonds et les plus vivaces. C'est l'amour filial et l'amour conjugal qui sont aux prises dans son cœur, et qui ne peuvent manquer de succomber et de se relever tour-à-tour. Rodrigue est *tantôt faible, et tantôt triomphant*. Et, en effet, pourquoi Rodrigue ne triompherait-il pas quelquefois? Il n'a fait que venger son père ; il a sauvé l'honneur de sa maison ; il s'est conduit en bon et honnête gentilhomme du onzième siècle. Sous ce point de vue, il a mérité les éloges de tous ses amis, et par conséquent aussi l'estime de sa prétendue. Mais le caractère de sa victime nuit à sa victoire et vient en obscurcir l'éclat. Le comte de Gormas est le père de Chimène. Voilà le fait fatal ; la circonstance déplorable ; et telle est aussi la seule raison qui puisse quelquefois faire succomber Rodrigue dans l'esprit et le cœur de Chimène. Otez cette cruelle complication, et le triomphe de Rodrigue devient absolu et définitif.

Mais en ce dur combat de colère et de flamme,

Flamme en ce lieu est trop vague pour désigner l'*amour*, l'opposant à *colère*, où il y a du feu aussi bien qu'en l'amour (*Académie*).

Il déchire mon cœur sans partager mon ame ;

Le *cœur* est employé ici comme le siége de l'*émotion sensible*; l'*ame* désigne la *volonté*.

Et quoi que mon amour ait sur moi de pouvoir,
Et quelque pouvoir que mon amour ait sur moi.

> Je ne consulte point pour suivre mon devoir.
> Je cours sans balancer où mon honneur m'oblige.

Je ne consulte point signifie ici *je ne délibère point*. *Où mon honneur m'oblige*, signifie *où mon honneur m'oblige de courir*.

Il est possible que Chimène soit sincère en disant qu'elle ne consulte point pour suivre son devoir. Mais certainement elle se trompe sur son véritable devoir. Quel est le véritable devoir d'une fille dans la position de Chimène? La réponse est évidente et se présente d'elle-même. Son vrai devoir, c'est d'étouffer sa passion, et de refuser sa main au meurtrier de son père. Signifier à Rodrigue qu'elle ne peut plus être sa femme, le proclamer tout haut en son absence, telle est donc la seule manière dont Chimène puisse véritablement s'y prendre pour honorer son père, et pour venger sa mort. Mais il paraît que ce devoir-là est au-dessus des forces de Chimène. Ce qu'il y a de certain, c'est qu'elle n'en dit pas encore un mot, et qu'elle commence par s'attacher à un autre devoir : la poursuite de Rodrigue et la punition de celui-ci pour un délit qui n'en était pas un, d'après les mœurs du onzième siècle. Le devoir qu'elle s'impose a donc un double inconvénient. D'abord il est faux; et ce premier point nous paraît incontestable. En second lieu, tout porte à croire qu'il est simulé ; ce second point paraît ressortir de plusieurs passages que nous analyserons plus tard.

> Pensez-vous le poursuivre?—Ah! cruelle pensée,
> Et cruelle poursuite où je me vois forcée !

On le voit; la poursuite de Rodrigue n'est pas un acte spontané de la part de Chimène. Elle y est forcée. Forcée, par quoi? Par le respect humain, par la tyrannie des bienséances, par cet amour du *paraître* que nous avons surpris en elle dès le commencement de l'action.

> Je demande sa tête et crains de l'obtenir.

Demander une chose et craindre de l'obtenir, ce n'est pas demander sérieusement ce qu'on demande. C'est faire semblant de le demander.

> Ma mort suivra la sienne, et je le veux punir.

On peut conclure de là que, si Chimène n'est pas sérieusement attachée à son devoir, elle est du moins très-sérieuse et très-sincère dans sa passion. Voilà ce qui la rend si malheureuse et si intéressante. Voilà aussi, il faut le dire, ce qui la relève, ce qui la rend jusqu'à un certain point excusable. Sa passion pour Rodrigue semble toucher à un devoir. Supposons pour un moment que Rodrigue et Chimène eussent été mariés avant la querelle du comte et de Don Diègue, et avant la catastrophe qui a suivi cette querelle, on comprend très-bien que la fidélité conjugale eût pu résister à cette terrible secousse, et que l'intérêt du mari eût pu l'emporter sur celui du père. Rodrigue et Chimène ne sont point mariés, cela est vrai ; mais ils étaient sur le point de l'être. Ils remplissaient l'un et l'autre les conditions de ce lien indissoluble, que la civilisation moderne et la religion chrétienne ont tellement purifié. En conservant sa passion pour Rodrigue, Chimène reste fidèle à une sorte d'engagement moral. On voit avec plaisir qu'elle n'est pas femme à changer d'amant ou de prétendu. Elle a donné son cœur à Rodrigue ; elle ne peut plus le donner à un autre. Si Rodrigue meurt, elle mourra. La passion de Chimène prend donc, comme on le voit, l'apparence d'une fidélité héroïque à un engagement solennel. Voilà ce qui lui donne de la noblesse et de la grandeur. Lorsque la passion se présente avec de pareils caractères, elle s'identifie, pour ainsi dire, avec le devoir, et, à ce titre, elle emporte des droits qui en font une chose éminemment respectable.

> Quittez, quittez, madame, un dessein si tragique,
> Ne vous imposez point de loi si tyrannique.

C'est la moralité la plus vulgaire qui se fait jour par la bouche de la confidente. Le rôle d'Elvire, dans cette scène, est d'une pâleur et d'une faiblesse très-remarquables. Il n'en pouvait être autrement. Elvire n'est là que pour donner la réplique à Chimène, et pour amener celle-ci à développer ses sentiments. Un monologue aurait produit ici à peu près le même résultat que le dialogue.

> Son sang criera vengeance, et je ne l'orrai pas !

Et je ne l'entendrai pas ; et je ne l'écouterai pas ! Orrai est le futur, aujourd'hui inusité, du verbe *ouïr*.

> Et je pourrai souffrir qu'un amour suborneur
> Sous un lâche silence étouffe mon honneur !

Corneille avait mis d'abord *dans un lâche silence ;* mais un honneur n'est étouffé ni *dans* un lâche, ni *sous* un lâche silence *(Palissot)*.

> Il y va de ma gloire, il faut que je me venge ;

Il y va de ma gloire. Ce n'est point de sa moralité, de sa vertu, que parle Chimène, c'est de sa gloire. Le soin de sa réputation, l'intérêt de sa renommée, le respect de l'opinion publique, voilà ce qui la détermine. Il n'y a plus moyen d'en douter ; c'est bien là un des traits de son caractère. Elle s'inquiète plus de ce qu'on dira d'elle que de ce qu'elle sera réellement. Tout cela est bien dans la nature et dans la vérité ; mais ce n'est pas là de la vertu. *Il faut que je me venge.* Nous sommes toujours à côté de la véritable sphère du devoir. Le sentiment qui pousse ou qui paraît pousser Chimène contre Rodrigue, ce n'est donc pas l'amour de la justice, c'est la vengeance, la *vendetta*. Ceci est un trait de caractère très-naturel dans une héroïne du XIe. siècle. Et que le sentiment soit réel ou simulé, peu importe. Mais puisque Corneille a dépouillé Chimène de plusieurs autres sentiments qui convenaient à un personnage de son époque, peut-être aurait-il bien fait de ne pas lui laisser celui-là. Le caractère de Chimène ne pouvait qu'y gagner.

 Après tout, que pensez-vous donc faire ?

La question d'Elvire est très-naturelle. La suivante ne comprend pas qu'on aime un homme que l'on persécute, ou qu'on persécute un homme que l'on aime. Elle ne voit pas très-bien à quel résultat définitif, à quelle conséquence pratique aboutiront les sentiments passablement contradictoires de sa maîtresse. C'est là-dessus qu'elle se permet de l'interroger.

 Pour conserver ma gloire, et finir mon ennui,

Conserver sa *gloire*, et mettre fin à ses *ennuis*, ce n'est pas précisément faire son *devoir*. C'est agir dans un intérêt plus ou moins légitime; ce n'est pas embrasser avec fermeté le parti de la raison, de la justice et de la vertu.

 Le poursuivre, le perdre et mourir après lui.

Ce vers excellent renferme toute la pièce, et répond à toutes les critiques qu'on a faites sur le caractère de Chimène. Puisque ce vers est dans l'espagnol, l'original contenait les vraies beautés qui firent la fortune du *Cid* français *(Voltaire)*. Ce vers est excellent; nous sommes loin d'en disconvenir; mais d'abord, il ne renferme pas toute la pièce; car il semble annoncer un dénoûment tout autre que le dénoûment véritable. En second lieu, ce vers résume très-bien le caractère de Chimène, tel que Corneille l'a conçu, et il est possible qu'il réponde à toutes les critiques qu'on a faites de ce caractère; mais il ne répond peut-être pas à toutes celles qu'on pourrait en faire. Et, en effet, il y avait une autre manière de présenter Chimène. A quoi bon poursuivre Rodrigue pour un délit qui n'en est pas un, d'après les mœurs du temps où il a vécu? A quoi bon vouloir le perdre et mourir après lui? A quoi bon aller solliciter auprès du roi le châtiment du meurtrier de Don Gomès; tout en faisant des vœux pour ne pas obtenir une satisfaction que le roi est d'ailleurs dans l'impossibilité d'accorder? Après la mort du comte, arrivée par le fait de Rodrigue, Chimène avait un parti à prendre plus légitime et plus simple. C'était celui de refuser sa main à Rodrigue, et de chercher à étouffer son propre amour, en en faisant le sacrifice aux mânes de son père. Après cela, si l'on voulait que la pièce finît par le mariage de Chimène avec Rodrigue, ou par la perspective d'un accomplissement futur de ce mariage, il restait à imaginer des moyens qui forçassent Chimène à revenir sur sa résolution, et à sacrifier le respect qu'elle devait à la mémoire de son père à quelque devoir plus impérieux que l'amour filial, à quelque considération supérieure au culte des sentiments de famille. Ces moyens n'étaient pas faciles à imaginer, nous nous hâtons d'en convenir; mais enfin il n'était peut-être pas impossible d'en trouver. Quoi qu'il en soit à cet égard, le fait est que Chimène ne perd point Rodrigue, qu'elle ne meurt point à sa suite, et que, si elle ne l'épouse point, elle laisse entrevoir qu'elle pourra l'épouser un jour. Ainsi le vers qui termine cette scène ne contient point la pièce; mais il résume admirablement bien la position que Chimène se donne, à l'égard de son prétendu, position qu'elle sera d'ailleurs obligée d'abandonner.

Répondons maintenant à la seconde partie de l'observation de Voltaire. Le vers dont il fait un si juste éloge ne se trouve pas dans l'auteur espagnol; Corneille n'en est redevable qu'à son propre génie. Dans Guilhem de Castro, Chimène dit à Elvire : *Je le poursuivrai jusqu'à ce que je sois vengée, dussé-je mourir moi-même en le frappant.* De là à la belle *gradation* que présente le vers de Corneille, il y a loin. On a donc tort d'affirmer que l'original espagnol contenait toutes les vraies beautés qui firent la fortune du *Cid* français, et ce que nous venons de dire ici, ne forme qu'une des moindres preuves de notre assertion.

SCENE IVe. Don RODRIGUE, CHIMÈNE, ELVIRE.

Nous sommes au milieu du troisième acte. Rodrigue et Chimène ne se sont point encore vus depuis le commencement de la pièce. D'après le caractère connu des deux personnages, et d'après ce qui s'est passé, on conçoit tout ce que leur entrevue doit avoir de solennel, de déchirant et de pénible. Le spectateur est fortement préoccupé. Il s'attend à une véritable explosion des sentiments les plus élevés, les plus nobles, les plus touchants. Le poète s'est préparé une grande et rude tâche. Mais, grâce au ciel, son génie ne lui fera pas défaut. La scène qui va passer sous nos yeux restera comme un monument immortel de sa puissance, et sera toujours considérée à bon droit comme l'un des plus admirables chefs-d'œuvre du théâtre français.

> Hé bien ! sans vous donner la peine de poursuivre,
> Assurez-vous l'honneur de m'empêcher de vivre.

Il fallait dire *de me poursuivre*. *M'empêcher de vivre* est languissant, et n'exprime pas *donnez-moi la mort (Voltaire)*. A cela près, l'entrée en scène de Rodrigue est éminemment dramatique, et, par la surprise qu'elle cause à Chimène, elle forme un coup de théâtre. Tout ce qui suit immédiatement est plein de vie et de vérité.

> Ote-moi cet objet odieux
> Qui reproche ton crime et ta vie à mes yeux.

Une épée ne peut pas reprocher un crime. La pensée de Chimène est celle-ci : *Ote-moi cet objet odieux qui me rappelle ton crime, et qui semble me reprocher de te laisser vivre.*

> Pour croître ta colère, et pour hâter ma peine.

Pour *augmenter* ta colère, et pour *hâter* mon châtiment.

> Plonge-le dans le mien,
> Et fais-lui perdre ainsi la teinture du tien.

Cela n'a point été repris par l'Académie ; mais je doute que cette *teinture* réussît aujourd'hui. Le désespoir n'a pas de réflexions si fines, et j'oserais ajouter si fausses : une épée est également rougie de quelque sang que ce soit ; ce n'est point du tout une teinture différente. Tout ce qui n'est pas exactement vrai révolte les bons esprits. Il faut qu'une métaphore soit naturelle, vraie, lumineuse ; qu'elle échappe à la passion *(Voltaire)*.

> De la main de ton père un coup irréparable
> Déshonorait du mien la vieillesse honorable,
> Tu sais comme un soufflet touche un homme de cœur ;

Pour justifier sa conduite, Rodrigue est bien obligé

d'incriminer celle du comte de Gormas. Il faut bien qu'il rappelle l'emportement avec lequel celui-ci s'est conduit envers Don Diègue. Mais qu'on remarque avec quelle décence, avec quelle modération il accuse le père de sa maîtresse. Il se borne à rappeler le fait, de la manière la plus simple et la plus impartiale. Il s'interdit, à l'égard du comte, toute expression injurieuse; et, par une *communication* très-bien placée, il invoque le sentiment de Chimène elle-même, sur la gravité du fait qui a donné lieu à la querelle.

J'avais part à l'affront, j'en ai cherché l'auteur,
Je l'ai vu, j'ai vengé mon honneur et mon père ;

Cette sobriété, cette précision sont le comble de l'art. Point de colère, point d'emportement. Enumération exacte et précise de ce qui s'est passé : peinture fidèle des sentiments qui ont fait agir Rodrigue : ce sont là les signes infaillibles d'une âme qui se possède, et qui ne peut céder qu'à la loi du devoir.

Je le ferais encor si j'avais à le faire.

Ce vers est admirable, et d'une simplicité sublime. Il exprime avec un rare bonheur la confiance calme et réfléchie d'un homme qui a fait son devoir, et qui se rend ce témoignage, qu'il a suivi la bonne route. Avant l'action, le jugement n'est pas toujours très-net. La passion étouffe souvent la voix de la raison, et ne nous permet pas de saisir le véritable caractère de l'acte que nous nous proposons d'accomplir. Une fois l'acte consommé, il n'y a plus d'illusion possible. Le fait se montre sous son véritable jour : bon, s'il est bon ; mauvais, s'il est mauvais. Celui-là est donc sûr de lui même, celui-là seul ne peut pas se tromper sur la valeur morale de son intention, qui peut se dire avec confiance : je suis prêt à recommencer. Telle est la situation de Rodrigue. On voit qu'il a agi sous l'impulsion d'une conviction profonde, et d'une confiance absolue en la bonté de sa cause et en la moralité de son acte. Et il est si vrai que les paroles dont il se sert ont la valeur que nous leur attribuons, que Corneille les a reproduites dans le *Polyeucte*, et dans une occasion non moins solennelle. Dans le *Polyeucte*, en effet, lorsque le héros chrétien a renversé les statues des faux dieux, il s'écrie, lui aussi, dans l'enthousiasme de sa conviction religieuse :

Je le ferais encor si j'avais à le faire.

Ce n'est pas qu'en effet contre mon père et moi
Ma flamme assez long-temps n'ait combattu pour toi ;
Juge de son pouvoir : dans une telle offense
J'ai pu délibérer si j'en prendrais vengeance :

Rodrigue n'en impose point à Chimène. Il lui retrace naïvement et avec sincérité les mouvements de son cœur. Nous l'avons vu délibérer : nous avons été témoins de son hésitation, dans la dernière scène du premier acte.

Réduit à te déplaire ou souffrir un affront,
Il fallait de toute nécessité *ou à souffrir*.

J'ai pensé qu'à son tour mon bras était trop prompt ;

A son tour ne nous fait pas l'effet d'une *cheville*. Nous croyons que cela veut dire : *J'ai pensé que mon bras pouvait être trop prompt, comme le comte avait été trop prompt à offenser Don Diègue, comme il avait eu la main trop prompte à lui donner un soufflet.* Cette interprétation nous paraît d'autant plus satisfaisante, que l'intention que nous attribuons à Rodrigue tend évidemment à affaiblir la culpabilité du comte : ce qui est de très-bon goût dans la bouche d'un homme qui s'adresse à sa fille, et ce qui prouve la générosité de Rodrigue. Et il ne faut pas craindre qu'en diminuant le tort du comte, Rodrigue ne courre la chance d'aggraver sa propre conduite. De quelque manière que l'affront ait été fait, quelle que soit l'irréflexion ou la préméditation que le comte y ait mise, le soufflet n'en a pas moins été donné, et, le soufflet une fois donné, il n'en fallait pas moins à l'implacable Don Diègue du sang du comte pour laver sa joue.

Et ta beauté sans doute emportait la balance,

Emportait signifie ici *allait emporter, était sur le point d'emporter.*

Si je n'eusse opposé contre tous tes appas,
Qu'un homme sans honneur ne te méritait pas ;

On ne dit point *opposer contre,* on dit *opposer à.* De plus, *Si je n'eusse opposé à tous tes appas,* signifie ici, *si je n'eusse opposé à toutes les raisons qui prennent leur source dans les sentiments que tes appas m'inspirent.* Quoique le sens soit clair et évident, l'expression pèche par excès de concision.

Qui m'aima généreux me haïrait infâme ;

Il faut rapprocher ce vers d'un vers de Racine devenu célèbre :

Je t'aimais inconstant ; qu'aurais-je fait fidèle ?

Je te le dis encore, et veux, tant que j'expire,

Cela n'est pas français, pour dire, *jusqu'à tant que j'expire (Académie).* Nous dirions aujourd'hui : *jusqu'à ce que j'expire.* Mais l'observation de l'Académie nous paraît un peu sévère, pour ne pas dire injuste, à l'égard de Corneille. La tournure dont il s'est servi deux fois, dans cette scène (nous trouverons plus bas :

Tant que par ta poursuite elle me soit ravie), paraît avoir été usitée de son temps ; et nous n'en donnerons pas d'autre exemple que celui de l'Académie elle-même. Dans les *Sentiments de l'Académie sur le Cid*, on trouve la phrase suivante : *Ainsi, tant qu'il ait prouvé* (l'observateur) *que le sujet du Cid est trop diffus pour n'embarrasser pas la mémoire, nous n'estimons point qu'il pèche en excès de grandeur.* Il est évident que, dans cette phrase, l'expression *tant qu'il ait prouvé* signifie exactement *jusqu'à ce qu'il ait prouvé*, ou, comme dit l'Académie, *jusqu'à tant qu'il ait prouvé*. Pourquoi donc reprocher à Corneille des tournures qu'on se permet soi-même d'employer ?

> Je t'ai fait une offense, et j'ai dû m'y porter
> Pour effacer ma honte et pour te mériter,

Il y a, dans tout ce raisonnement, un raffinement de sentiments chevaleresques qui n'était guère dans les mœurs du onzième siècle, mais qui s'accorde bien avec les mœurs des siècles postérieurs. Chimène comprend parfaitement cette justification ; car elle sympathise avec Rodrigue ; elle a déjà exprimé des sentiments tout-à-fait semblables.

> Mais quitte envers l'honneur, et quitte envers mon père,
> C'est maintenant à toi que je viens satisfaire ;
> C'est pour t'offrir mon sang qu'en ce lieu tu me vois.

Rodrigue ne sait pas encore que Chimène est allée se jeter aux pieds de Don Fernand, pour implorer sa justice, et pour lui demander vengeance de la mort de son père. Quoique Elvire lui ait annoncé que Chimène était au palais, il n'a recueilli auprès de la confidente aucun renseignement positif sur le caractère de la démarche que Chimène a cru devoir faire auprès du roi. Tout porte à croire qu'immédiatement après son duel, il n'a eu d'autre pensée que de venir offrir une satisfaction à Chimène. On conçoit qu'il n'ait pas reparu au palais. Rien n'indique qu'il soit rentré chez lui. Tout ce qu'il a pu faire, c'est de se cacher pendant quelques instants, pour échapper aux amis du comte, et pour attendre que la nuit lui permît de se rendre chez sa maîtresse. La démarche qu'il fait auprès d'elle est donc tout-à fait spontanée. Dès lors cette démarche prouve de la part de Rodrigue une grande générosité, et un grand attachement pour Chimène.

J'ai fait ce que j'ai dû, je fais ce que je dois ;

Jusqu'à présent Rodrigue a fait son devoir, ou du moins ce qu'un gentilhomme de son temps appelait son devoir ; il a vengé son père ; il a racheté son propre honneur. Mais rien ne l'oblige à sacrifier sa vie au ressentiment de Chimène. La conduite qu'il tient maintenant n'est plus du devoir strict, rigoureux ; c'est un acte de pur dévouement.

Je sais qu'un père mort t'arme contre mon crime,

Ces mots *mon crime* semblent en contradiction manifeste avec ce qui précède : *j'ai fait ce que j'ai dû*. Comment se peut-il que Rodrigue ait commis un crime, en faisant son devoir, ou qu'il ait fait son devoir, en commettant un crime ? Il n'y a point là de contradiction. L'action de Rodrigue ne devient *criminelle* qu'au nouveau point de vue où il se place : l'idée du dommage causé à Chimène. C'est en tant qu'il a blessé sa maîtresse que Rodrigue veut bien se considérer comme coupable. Hors de là, sa conduite est parfaitement légitime, et il s'en est expliqué assez clairement pour que personne n'en doute.

> Immole avec courage au sang qu'il a perdu
> Celui qui met sa gloire à l'avoir répandu.

Le discours de Rodrigue forme un digne pendant à celui de don Diègue. C'est de part et d'autre la même netteté, la même précision, la même élévation de sentiments, la même force de logique. Il y a chez l'un et chez l'autre la même abnégation personnelle, le même désintéressement. Don Diègue terminait l'apologie de son fils, en offrant sa tête à la place de celle de Rodrigue, et il démontrait fort bien la justice de cette substitution. Rodrigue termine, de son côté, en se mettant à la discrétion de Chimène ; il lui offre sa vie, en expiation de la mort qu'il a donnée au comte.

> Ah, Rodrigue ! il est vrai, quoique ton ennemie,
> Je ne te puis blâmer d'avoir fui l'infamie ;

Chimène a compris les nobles paroles de Rodrigue ; elle commence donc par lui rendre justice ; elle reconnaît la loyauté de sa conduite ; elle avait proclamé d'avance qu'il ne pouvait pas faire autrement que de venger son père. Les premières paroles qui lui échappent sont raisonnables et vraies ; mais, si cela est vrai, pourquoi Chimène ne reste-t-elle pas fidèle à ces principes ?

> Et, de quelque façon qu'éclatent mes douleurs,
> Je ne t'accuse point, je pleure mes malheurs.

Elle ne l'accuse point, dit-elle, et elle le poursuit ; mais que signifie donc une poursuite là où il n'y a pas de motifs d'accusation ? Chimène se met en contradiction avec elle-même. Elle reconnaît en face de Rodrigue qu'elle n'a pas le droit de l'accuser ni de le poursuivre ;

et peut-être l'artiste a-t-il voulu faire entendre par là qu'elle n'en avait pas la moindre envie. Sa poursuite est donc de pure forme ; elle n'a d'autre but que de donner le change à l'opinion publique. C'est une manière de sauver le *décorum*, ou bien encore, et si l'on s'en rapporte à la propre insinuation de Chimène, c'est une manière comme une autre de faire éclater sa douleur.

<pre>   Je sais ce que l'honneur, après un tel outrage,
    Demandait à l'ardeur d'un généreux courage :</pre>

Chimène n'insiste pas sur les torts que son père a eus envers don Diègue et par conséquent envers Rodrigue. Il y a là un sentiment de pudeur filiale que le poète a très-bien fait de respecter. Un père est rarement coupable aux yeux de sa fille. Et cependant Chimène n'ignore point quelle a été la cause du combat ; elle prononce même le mot d'*outrage*. Elle comprend que Rodrigue ne pouvait pas rester sous le coup d'un cruel affront. Pourquoi le condamnerait-elle donc, elle si susceptible sur l'honneur, elle qui ne voudrait pas, nous le savons, d'un mari déshonoré ?

<pre>   Tu n'as fait le devoir que d'un homme de bien.</pre>

Voilà, je crois, le vers qui a le plus scandalisé M. *de Scudéri*. Pour en sentir la force et la justesse, il faut se placer au point de vue de Chimène ; il faut lui tenir compte des préjugés au sein desquels elle a été élevée. Chimène n'est point étrangère aux idées et aux mœurs de son siècle. Elle est de la même race, elle appartient à la même école que tous les autres personnages dont nous la voyons entourée. Elle a déjà fait profession de cette moralité étroite et barbare que don Diègue et son fils prêchent avec la plus entière conviction, avec la plus imperturbable assurance. Pourquoi Chimène se refuserait-elle à reconnaître ce qu'il y a de juste et de fondé dans la défense de Rodrigue, quelle que soit d'ailleurs la conclusion qui doive en ressortir, quelque douleur qu'il y ait pour elle à faire l'application de son principe au fait qui la désole et qui la prive de son père? Ce n'est pas comprendre le devoir que de vouloir que le devoir nous soit toujours avantageux. Ce n'est pas comprendre la justice que d'exiger que la justice tourne toujours à notre profit. Sans doute, il ne manque pas de gens qui ne trouvent jamais qu'une chose puisse être juste, dès qu'elle blesse leur intérêt. Mais, grâce au ciel et à Corneille, Chimène n'appartient pas précisément à cette race d'égoïstes.

Mais aussi, le faisant, tu m'as appris le mien.
Ta funeste valeur m'instruit par ta victoire;

Si Chimène tirait de la mort de son père, arrivée par le fait de Rodrigue, la conclusion qu'elle ne peut plus être la femme de ce dernier, on pourrait dire qu'elle s'est réellement instruite à l'école du malheur. Mais il est évident que Chimène ne puise pas dans la catastrophe qui l'a frappée le véritable enseignement qui en résulte. La valeur de Rodrigue ne l'éclaire pas mieux que le sang de son père. Conclure de ce que Rodrigue a fait son devoir qu'elle doit à son tour le faire périr, c'est faire violence à la logique et au bon sens. Il n'y a pas de droit contre le droit. Mais, dira-t-on, il n'y a rien de plus inconséquent que la passion. Nous en tombons d'accord. Nous répondrons cependant qu'il y a, même dans les inconséquences de la passion, quelque chose de naturel et de logique qui ne se rencontre pas ici. Lorsqu'Hermione demande à Oreste, au sujet de Pyrrhus :

Pourquoi l'assassiner? qu'a-t-il fait? à quel titre? qui te l'a dit? Nous applaudissons sans scrupule, et nous nous laissons aller, malgré nous, à une juste admiration. *Qui te l'a dit?* est vraiment sublime. Cette expression nous offre le type le plus parfait de cette inconséquence que produit la passion, et de ces contradictions qui lui sont si naturelles. Mais Chimène n'est pas précisément ici dans la même situation d'esprit qu'Hermione. Les contradictions qui lui échappent, outre qu'elles sont bien rapprochées, ne sont peut-être pas de la nature de celles qui s'expliquent par le combat des passions ou par le désordre des sentiments. Enfin, laissons de côté cette thèse qui n'est que secondaire, et venons au fond de la question. Qu'on mette les contradictions de Chimène sur le compte de la passion. Notre réponse est bien simple. Les allures de la passion trahissent la passion. Or, qu'avons-nous avancé, au fond, et que soutenons-nous ici? Que Chimène n'est pas le type du devoir, qu'elle n'est pas le type de l'abnégation et du dévouement, qu'elle est, au contraire, le type de la passion, et par conséquent de la personnalité. Sur ce point-là nous croyons toujours avoir raison.

> Elle a vengé ton père et soutenu ta gloire;
> Même soin me regarde; et j'ai, pour m'affliger,
> Ma gloire à soutenir et mon père à venger.

Quoi qu'on en dise, cela n'est ni logique ni conséquent. Cela commence à jeter une certaine défaveur sur le caractère de Chimène, qui se donne à elle-même un démenti trop évident et trop choquant. Si le comte de Gormas a expié un tort réel, et si sa mort a été la conséquence de sa faute, Chimène n'a plus le droit de le venger. De deux choses l'une : ou le Comte avait tort, et Rodrigue est innocent ; ou la mort du Comte est injuste, et alors Rodrigue est coupable. Nous savons bien qu'au fond le Comte et Rodrigue sont coupables tous les deux : car s'il est défendu d'outrager ses semblables, il est également défendu de verser leur sang pour la réparation d'une offense. Mais la question n'est pas là. Rodrigue a agi sous l'empire d'un préjugé dont l'erreur est partagée par Chimène. Rodrigue a mal fait ; mais il a cru bien faire. Chimène croit aussi qu'il a bien fait ; et elle vient de le dire en termes très-positifs. Voilà donc notre point de départ invinciblement établi. La conséquence s'en déduit toute seule. Puisque Chimène a reconnu l'innocence de Rodrigue, elle n'est plus excusable de le poursuivre. Elle ne peut plus le faire du moins au nom de la justice ; car, encore une fois, il n'y a pas de droit contre le droit. Aussi voyons-nous que le devoir qu'elle s'impose est un devoir fort contestable. Ce qui l'anime contre Rodrigue, c'est, en définitive, le sentiment de la vengeance personnelle ; c'est la passion sauvage et brutale du montagnard Corse ; c'est la *vendetta*, en un mot. Il est impossible qu'un sentiment pareil ne rabaisse pas Chimène, et ne lui fasse pas perdre quelque chose de la sympathie que sa position inspire au spectateur. En vain objecterait-on que la vengeance était un devoir, au onzième siècle, tout comme le duel, et que Chimène n'est pas moins dans son droit et dans son devoir que Rodrigue n'est dans le sien. Le poëte doit avoir égard aux mœurs de ses contemporains. Le duel a résisté plus long-temps que la vengeance aux lumières de la civilisation moderne, et il y a dans le duel quelque chose d'assez spécieux pour expliquer cette différence. Des hommes du seizième et du dix-septième siècle pouvaient admettre le duel, et répugner, par leur moralité, à l'idée d'une vengeance brutale, formulée par la stupide maxime : *sang pour sang*. Nous insistons donc sur ce point que le poète a rabaissé Chimène, en ne lui mettant pas au cœur un autre devoir que celui de la vengeance. En vain objecterait-on encore que Rodrigue se reconnaît coupable, puisqu'il vient offrir sa tête en expiation de son crime. Cette interprétation donnée à la conduite de Rodrigue est tout-à-fait fausse et tout-à-fait nuisible à l'idée qu'on doit se faire de son caractère. Rodrigue est loin de reconnaître sa culpabilité ; il se justifie assez bien pour qu'on ne doute pas de son innocence. Mais, d'un autre côté, Rodrigue reconnaît, et il ne peut pas ne pas reconnaître, que, tout en vengeant son père, il a fait tort à sa maîtresse, il lui a causé un dommage réel ; il se trouve coupable d'avoir affligé Chimène : c'est un excès de délicatesse de sa part. S'il lui offre sa tête, ce n'est pas pour accomplir un devoir rigoureux, un devoir que la stricte justice lui imposerait ; c'est un acte de pur dévouement, et ce serait lui faire un très-grand tort que de ne pas l'entendre ainsi. Si Rodrigue n'était pas uni à Chimène, il ne se croirait tenu à rien envers la fille de sa victime ; mais la fille du Comte est sa maîtresse. Il a dû lui causer du chagrin, et il s'en veut de ce que l'accomplissement de son devoir a produit une grande perte et une grande douleur pour sa fiancée. C'est ce tort inévitable qu'il consent à réparer, ou, pour mieux dire, dont il vient offrir lui-même la réparation, par abnégation personnelle, par héroïsme, et non autrement. Chimène tombe donc en contradiction avec elle-même, en reconnaissant, d'un côté, que Rodrigue a fait son devoir, qu'il s'est conduit en homme de bien, et en conservant néanmoins, ou en feignant de conserver le dessein de le poursuivre et de venger sur lui la mort de son père. Dans ce raisonnement de Chimène, on voit trop clairement que le devoir se défigure, que la passion prend sa place, et que l'intérêt personnel se substitue à la justice. Cette contradiction dans le rôle de Chimène gâte en partie cette admirable scène, qui aurait eu certainement un autre caractère de vérité et de grandeur, si Chimène, au lieu de s'attacher à l'idée de poursuivre Rodrigue, lui avait fait entendre que, malgré toute son admiration pour lui, et malgré toute l'indulgence dont elle le croyait digne, elle ne pouvait plus être sa femme. C'est par là, et par là seulement, qu'elle pouvait prendre le dessus sur Rodrigue; tandis qu'en se maintenant dans le point de vue étroit et faux où elle vient de se placer, elle aura le dessous avec Rodrigue, comme elle l'a déjà eu avec Don Diègue, dans la scène du second acte où elle est venue se jeter aux pieds du roi.

Hélas! ton intérêt ici me désespère:
Ce qui me désespère ici, c'est l'intérêt que je te porte, c'est l'amour que j'ai pour toi.

Si quelque autre malheur m'avait ravi mon père,
Mon ame aurait trouvé dans le bien de te voir
L'unique allégement qu'elle eût pu recevoir;
Et contre ma douleur j'aurais senti des charmes,
Quand une main si chère eût essuyé mes larmes.

Il était impossible à Chimène d'exprimer sa passion pour Rodrigue avec plus d'adresse et plus de convenance. Cette pensée est vraiment admirable de sensibilité, de profondeur et de délicatesse. C'est le triomphe du génie. Oh! comme le spectateur sympathise ici avec Chimène! Comme on s'intéresse à cette supposition! Comme on regrette profondément qu'elle ne puisse plus se réaliser ! Et, en effet, si le comte de Gormas avait péri d'une autre manière ; s'il était mort dans une bataille ou par suite de quelque accident étranger à son duel avec Rodrigue, ç'aurait été une grande consolation pour Chimène de retrouver, au défaut de son père, un ami dévoué, un noble et vaillant protecteur, dans la personne de son fiancé. Mais par la manière dont le Comte est mort, et grâce à la nature des liens qui unissent Rodrigue et Chimène, les deux appuis sur lesquels celle-ci semblait avoir le droit de compter, se sont brisés l'un contre l'autre. La perte du premier entraîne la perte du second. Le malheur qui lui ravit son père lui ravit également son fiancé. La catastrophe qui la rend orpheline, ruine du même coup tout son avenir d'épouse. Elle se voit condamnée à un isolement éternel. Il y a certainement dans cette réflexion quelque chose de poignant et de cruel qui brise l'ame et qui l'attendrit au-delà de toute expression. Ce passage est, sans contredit, un des plus beaux de toute la pièce, et nous le relevons avec d'autant plus de complaisance qu'il appartient exclusivement à Corneille. On en chercherait vainement le germe dans Guilhem de Castro.

Mais il me faut te perdre après l'avoir perdu ;

Chimène insiste sur cette idée que la perte de son père entraîne pour elle la perte de son amant, et il est évident qu'elle ne peut trop insister là-dessus, puisque c'est là ce qui fait le fond de sa situation, ce qui la rend si intéressante et si dramatique. Perdre tout à la fois son père et son époux, voir cette double affection trahie du même coup, c'est bien là le comble de la douleur. Mais remarquons que le fond de la situation est tellement vrai qu'il n'était pas nécessaire, pour amener ces réflexions douloureuses, que Chimène s'obstinât à venger son père, et à poursuivre Don Rodrigue. Il suffisait qu'elle considérât la haute inconvenance qu'il y aurait pour elle à épouser le meurtrier de son père, pour retomber sous le poids de cette implacable destinée qui lui ravit du même coup ses deux protecteurs naturels, et qui la jette au milieu du monde seule et désespérée. Sa position, pour être plus régulière et plus morale, ne perdrait rien sous le rapport du pathétique. Dans le point de vue où nous voudrions la voir, comme dans celui où elle se place, elle trouverait un thème inépuisable à ses regrets et à ses plaintes.

> Et cet affreux devoir, dont l'ordre m'assassine,
> Me force à travailler moi-même à ta ruine.

C'est bien là le langage de la passion, ce n'est pas le langage de la vertu. Le devoir de Chimène lui paraît *affreux ;* ce devoir est un *assassin*. On ne peut pas s'exprimer d'une manière plus injurieuse pour le devoir. Il faut donc reconnaître que, dans tout le cours de la pièce, c'est Rodrigue qui est le type du courage moral, du dévouement chevaleresque, de l'abnégation personnelle, de toutes les vertus mâles, en un mot. Chimène est évidemment le type de la faiblesse, de la sensibilité et par conséquent de la personnalité féminines. Ce n'est pas qu'elle ne reconnaisse le devoir, et qu'elle n'en proclame l'autorité ; mais comme elle frémit en s'y soumettant, et avec quelle impatience elle en porte le joug ! Tel est donc le contraste que présentent ces deux grandes figures, qui se rapprochent d'ailleurs par tant de points, et qui sympathisent si souvent l'une avec l'autre par la grandeur des idées et par l'énergie des sentiments. Rodrigue est l'idéal du devoir et du dévouement ; Chimène est le modèle de la passion.

> Car enfin, n'attends pas de mon affection,
> De lâches sentiments pour ta punition,
> De quoi qu'en ta faveur notre amour m'entretienne,
> Ma générosité doit répondre à la tienne :

La fin de ce discours ramène le raisonnement dont nous avons déjà fait la critique. Nous retombons sur cette thèse illogique et mal fondée, développée un peu plus haut. Chimène, pour poursuivre Rodrigue, ne peut plus alléguer qu'une vengeance brutale et fanatique. Elle aura beau faire et beau dire, la mort de Rodrigue, amenée par son fait, ne pourra plus être considérée comme l'accomplissement d'un véritable devoir.

> Tu t'es, en m'offensant, montré digne de moi ;
> Je me dois, par ta mort, montrer digne de toi.

Voilà bien le but que le poëte poursuit depuis le milieu du second acte. Il voulait arriver à la situation qui se résume parfaitement dans ces deux vers. Il voulait mettre Chimène en opposition avec Rodrigue, les placer l'un en face de l'autre, à la même hauteur et sur la même ligne Il y a quelque chose de séduisant dans cette antithèse, et nous ne prétendons pas en nier la grandeur ; mais peut-être y a-t il un certain degré d'inexactitude qui en obscurcit la beauté et qui en paralyse l'effet. Rodrigue s'est montré digne de Chimène, à son propre jugement, et au jugement même de Chimène, en rachetant l'honneur de sa maison par la mort du Comte, et en lavant son injure dans le sang de son ennemi. Ce premier fait une fois accompli, Chimène n'a qu'un seul moyen de se rendre digne d'elle-même, digne de son père et de son amant :

c'est de refuser sa main à Rodrigue. Non pas qu'elle doive lui ôter son amour, ni donner sa main à un autre ; mais, tout en lui conservant son affection et son estime, elle doit refuser de s'unir à celui qui a tué son père. Voilà le véritable devoir de Chimène, et voilà précisément le devoir sur lequel Chimène a l'air de fermer les yeux. Poursuivre Rodrigue et demander sa mort, c'est commettre une injustice et une inconséquence, puisque Rodrigue n'est point coupable ; elle en convient elle-même. Mais, dira-t-on, puisqu'elle poursuit Rodrigue, et qu'elle veut le faire mourir, cela implique bien qu'elle ne l'épousera pas. A la bonne heure ! et nous dirions que sa conduite est conséquente, si réellement Rodrigue était coupable, et s'il finissait par mourir ; mais Rodrigue est innocent ; la poursuite de Chimène ne peut avoir aucun succès ; Chimène désire même qu'elle n'en ait aucun. Dès lors, la sincérité de cette poursuite est fort suspecte. On peut croire que Chimène s'y abandonne ouvertement, pour faire diversion à ses intentions secrètes, et pour endormir l'opinion publique. Quoi qu'il en soit, ce n'est pas au nom d'un devoir véritable qu'elle s'arme contre Rodrigue. Elle ne peut donc pas marcher de pair avec lui. L'antithèse qu'elle établit est plus brillante que solide. Les deux termes de l'équation ne sont pas égaux. Il n'y a pas équilibre entre les deux plateaux de la balance. Rodrigue a suivi une marche rationnelle et logique ; il a obéi à un devoir reconnu de tous ses contemporains, proclamé par sa victime et par sa partie adverse elles-mêmes. Chimène n'a pas le même avantage. Elle reste évidemment au-dessous de son amant ; elle lui est inférieure au point de vue de la moralité. Nous avons donc raison de croire que Chimène aurait été plus grande et plus intéressante ; elle aurait véritablement rivalisé avec Rodrigue, si, tout en reconnaissant, comme elle l'a fait, l'innocence de son amant, elle eût refusé d'attenter à sa vie ou de le poursuivre devant un tribunal quelconque, mais que, pour le punir d'une manière convenable, elle lui eût déclaré qu'elle ne pourrait jamais être sa femme. Par là, elle se serait élevée au-dessus de Rodrigue ; elle aurait rejeté celui-ci dans la défensive, et l'aurait obligé de chercher un remède à ce nouveau malheur. Et la punition aurait été juste ; car Rodrigue ayant obéi à un préjugé, et n'ayant pas accompli un devoir absolu et immuable, il était convenable qu'il fût puni, et que les conséquences douloureuses de son action l'amenassent à quelque doute sur la parfaite justice de son procédé envers le Comte. C'est ainsi que le grand artiste sait profiter des situations et des personnages, dont il se sert comme d'autant de symboles, pour faire triompher les intérêts de la justice et de la vérité éternelles. Dans quelque point du temps et de l'espace qu'il soit emprisonné par son sujet, il sait s'élever jusqu'à l'idéal, toucher à l'infini, et faire briller aux yeux de la foule attentive ces éclairs de moralité qui la subjuguent, et qui purifient ses sentiments en rectifiant ses idées. Et il ne faut pas dire, en effet, que cette manière de faire parler Chimène arrêtait le drame tout court. Loin de là ; nous sommes persuadés qu'avec cette donnée la scène pouvait prendre les développements les plus majestueux et les plus magnifiques. Le caractère de Chimène n'y aurait rien perdu ; celui de Rodrigue y aurait lui-même gagné. Le fils de Don Diègue serait nécessairement sorti de cette monotonie un peu passive qui fait le fond de son rôle, depuis qu'il a tué le Comte.

> Ne diffère donc plus ce que l'honneur t'ordonne ;
> Il demande ma tête, et je te l'abandonne :
> Fais-en un sacrifice à ce noble intérêt :
> Le coup m'en sera doux aussi bien que l'arrêt.

Rodrigue ne conteste point la thèse de Chimène. On en conçoit le motif. Rodrigue se considère comme coupable envers sa maîtresse. Il veut bien croire qu'il l'a offensée, et qu'il lui doit une satisfaction. Il la lui offre, et il l'invite à la prendre. Rodrigue parle ici en véritable chevalier tout dévoué à la dame de ses pensées et disposé à adorer jusqu'à ses caprices. Il ne faut voir dans ce langage que l'expression du dévouement le plus absolu, de l'abnégation personnelle la plus complète.

> Attendre après mon crime une lente justice,
> C'est reculer ta gloire autant que mon supplice ;

Rodrigue a raison. Si c'est au nom de la vengeance qu'on le poursuit, il faut le frapper sur-le-champ. Chimène ne doit s'en rapporter qu'à elle-même pour satisfaire une passion qui prend sa source dans des intérêts purement domestiques. La vengeance n'attend qu'une occasion, et l'occasion doit être saisie dès qu'elle se présente.

> Je mourrai trop heureux mourant d'un coup si beau.

On voit bien que c'est l'exaltation de l'amour qui fait parler Rodrigue. Il se trouvera très-heureux de mourir de la main de sa maîtresse ; mais il est évident qu'il n'a pas l'intention de prévenir une mort ignominieuse.

> Va, je suis ta partie et non pas ton bourreau.
> Si tu m'offres ta tête est-ce à moi de la prendre ?
> Je la dois attaquer, mais tu dois la défendre ;
> C'est d'un autre que toi qu'il me faut l'obtenir ;
> Et je dois te poursuivre et non pas te punir.

La réplique est certainement très-belle et de très-bon

goût. Elle est bien digne d'une femme d'esprit. Il y a là cinq *antithèses* admirables, et qui n'ont guère d'autre défaut que d'être un peu trop rapprochées. Mais cela laisse quelque chose à désirer. Chimène se fait illusion, ou peut-être cherche-t-elle à se tromper elle-même. Ce qu'elle dit là serait parfaitement fondé, si elle poursuivait Rodrigue au nom d'un droit réel, évident, incontestable ; mais elle n'en veut à sa vie que pour assouvir une vengeance domestique. C'est donc à elle à prendre cette vengeance ; et, si elle la désire réellement, elle n'a plus qu'à immoler Rodrigue. Ce qu'elle a l'air de demander à un autre que lui, elle ne l'obtiendra de personne : il n'y a pas de tribunal pour condamner Rodrigue ; et il est de fait que Chimène ne deviendra conséquente avec elle-même que du moment qu'elle mettra Rodrigue aux prises avec Don Sanche. Alors elle empruntera réellement l'épée d'un gentilhomme, pour frapper son ennemi ; mais ce sera là de la vengeance et non pas de la justice. Or, puisqu'elle doit en venir là, elle ferait tout aussi bien de frapper tout de suite.

> De quoi qu'en ma faveur notre amour t'entretienne,
> Ta générosité doit répondre à la mienne ;

Rodrigue paraît attribuer à l'amour de Chimène la répugnance qu'elle éprouve à le frapper et le faux-fuyant qu'elle a imaginé pour n'en rien faire. Et, en effet, il faut bien supposer que l'amour entre pour quelque chose, et même pour beaucoup dans cette répugnance de Chimène.

> Et pour venger un père emprunter d'autres bras,
> Ma Chimène, crois-moi, c'est n'y répondre pas.
> Ma main seule du mien a su venger l'offense,
> Ta main seule du tien doit prendre la vengeance

Rodrigue agit sérieusement en offrant à Chimène la

satisfaction qu'il croit lui devoir, et il va employer toutes sortes de raisons pour l'engager à lui ôter la vie. Après le premier refus de Chimène, il va essayer de la piquer d'honneur. Il s'est vengé lui-même ; il s'est vengé tout seul. Elle doit se venger elle-même ; elle doit se venger toute seule, sans implorer le secours du roi ni des tribunaux. Au reste, il y a dans toute cette partie du dialogue, un raffinement de dialectique qui blesse le naturel et la vérité. Ne pouvait-on pas trouver, pour occuper la scène, quelque sentiment plus sérieux et plus profond ?

> Cruel, à quel propos sur ce point t'obstiner ?
> Tu t'es vengé sans aide, et tu veux m'en donner !
> Je suivrai ton exemple ; et j'ai trop de courage
> Pour souffrir qu'avec toi ma gloire se partage :
> Mon père et mon honneur ne veulent rien devoir
> Aux traits de ton amour ni de ton désespoir.

C'est en s'offrant lui-même aux coups de sa maîtresse que Rodrigue l'aiderait à accomplir sa vengeance. Chimène ne veut pas partager avec Rodrigue la gloire de venger son père. Or, Rodrigue entrerait nécessairement pour moitié dans cette gloire, si Chimène profitait, pour le punir, de la bonne volonté qu'il y met et du consentement qu'il y apporte. Il faut avouer que Chimène éprouve ici de singuliers scrupules. Il y a, dans ce dernier passage, une dépense d'esprit considérable, mais parfaitement déplacée.

> Rigoureux point d'honneur ! Hélas ! quoi que je fasse,
> Ne pourrai-je à la fin obtenir cette grâce ?
> Au nom d'un père mort, ou de notre amitié,
> Punis-moi par vengeance, ou du moins par pitié :
> Ton malheureux amant aura bien moins de peine
> A mourir par ta main qu'à vivre avec ta haine.

Rodrigue a d'abord offert sa vie comme une expiation.

Maintenant il demande la mort comme une grâce. Cet argument ne manque ni de force ni de vérité. Les sentiments qu'exprime ici Rodrigue sont beaucoup moins alambiqués que tout ce qui précède immédiatement, et Rodrigue a toujours raison, parce que sa position est nette, franche et parfaitement dessinée. Il n'en est pas de même de Chimène, qui s'embarrasse dans des sentiments contradictoires et illogiques, et qui semble vouloir des choses qui s'excluent mutuellement.

Va, je ne te hais point.

A la bonne heure ! Nous voilà tout-à-fait rentrés dans le chemin de la nature et de la vérité. La passion est là tout entière. On ne peut pas déplacer la question avec plus d'art et de bonheur. Ceci rachète bien des défauts. Malgré l'enthousiasme qu'inspirent de pareils traits, essayons de les soumettre à une froide analyse. Puisque Chimène n'a point cessé d'aimer Rodrigue, c'est une preuve qu'elle n'a point cessé de l'estimer. Et comment pourrait-elle l'estimer encore, si Rodrigue lui paraissait coupable ? Il faut donc qu'elle lui rende justice au fond de son cœur, et qu'elle reconnaisse que la mort de son père est un malheur plutôt qu'un crime. C'est d'ailleurs ce qu'elle a déjà positivement reconnu. La scène aurait donc pris un autre caractère si, au lieu de s'attacher à l'idée de poursuivre Rodrigue, Chimène avait employé toute son éloquence à lui prouver qu'elle ne pouvait plus être sa femme. Cette démonstration aurait mis Rodrigue dans un grand et véritable embarras, et il aurait été curieux de voir comment il aurait pu répondre. Son rôle se serait certainement agrandi ; il serait sorti de cette idée unique qui fait le fond de tout son entretien :

Prenez mon sang, prenez ma vie. On dira que si Chimène prenait la chose sur ce ton-là, il deviendrait presque impossible d'opérer le dénouement dans le sens de l'histoire, ou, pour mieux dire, de la tradition. Telle est, nous ne l'ignorons pas, l'objection qu'on peut faire à notre observation. Reste à savoir si l'objection est réellement sans réplique. Et, dans tous les cas, pourquoi l'artiste serait-il obligé de conserver pour la tradition un respect superstitieux ?

Tu le dois.
Tu dois me haïr.

Ces termes *tu le dois* sont équivoques ; on pourrait entendre : *Tu dois ne me point haïr.* Toutefois la passion est si belle en cet endroit que l'esprit se porte de lui-même au sens de l'auteur *(Académie).*

Crains-tu si peu le blâme, et si peu les faux bruits ?
Quand on saura mon crime et que ta flamme dure,
Que ne publieront point l'envie et l'imposture ?
Force-les au silence, et, sans plus discourir,
Sauve ta renommée en me faisant mourir.

Rodrigue essaye d'ébranler Chimène par un nouveau raisonnement. Il veut la prendre maintenant par cet amour de la gloire qui la possède, par cette crainte de l'opinion publique qui forme, comme nous l'avons vu, un des traits de son caractère. Il fait luire à ses yeux l'intérêt de sa renommée, et tâche de l'exciter par la crainte des mauvais propos.

Elle éclate bien mieux en te laissant la vie ;

C'est la renommée de Chimène qui *éclate* bien mieux. On ne peut pas dire que la renommée *éclate. Briller* se dit également de la gloire et de la renommée ; *éclater* ne se dit que de la gloire.

> Et je veux que la voix de la plus noire envie
> Elève au ciel ma gloire et plaigne mes ennuis,
> Sachant que je t'adore et que je te poursuis.

On ne peut pas avoir plus d'esprit que Chimène. Cette réplique est véritablement admirable, et, ce qu'il y a de remarquable, ce que l'*Académie* a très-judicieusement remarqué, c'est qu'elle pouvait servir de base à des développements très-curieux et très-intéressants. Malheureusement Chimène ne sera point fidèle au projet qu'elle paraît former en ce moment; elle ne tardera pas à se mettre en contradiction avec ce qu'elle vient de dire. Sans doute, si l'on sait qu'elle adore Rodrigue et que, malgré cela, elle le poursuit et demande sa mort, on admirera son courage, et sa gloire ne pourra qu'y gagner. On éprouvera pour elle une véritable estime, une touchante sympathie. Mais pour cela, il faut qu'on sache qu'elle adore Rodrigue. La connaissance de son amour, la publicité de sa passion sont les conditions indispensables de son triomphe. Pourquoi donc Chimène va-t-elle employer toute la dissimulation dont elle est capable pour éviter qu'on sache qu'elle aime Rodrigue? N'est-ce point parce qu'elle sent qu'il n'y a rien de sincère dans la poursuite qu'elle exerce contre son amant, que son amour pour Rodrigue l'emporte de beaucoup sur son ressentiment contre lui, et que, si l'on vient à savoir qu'elle l'aime, on ne mettra point en doute que sa poursuite ne soit feinte, et qu'elle ne fasse elle-même tous ses efforts pour en neutraliser les résultats?

> Dans l'ombre de la nuit cache bien ton départ:
> Si l'on te voit sortir mon honneur court hasard.

Ceci n'est déjà plus d'accord avec *sachant que je t'a-*

7

> La seule occasion qu'aura la médisance,
> C'est de savoir qu'ici j'ai souffert ta présence :
> Ne lui donne point lieu d'attaquer ma vertu.

Si la médisance apprenait que Chimène n'a souffert la présence de Rodrigue que pour se refuser à lui donner la mort, et pour lui déclarer très-positivement qu'elle ne serait jamais sa femme, la médisance s'arrêterait tout court, ou du moins, pour attaquer la vertu de Chimène, elle se trouverait réduite à se changer en calomnie.

> Que je meure.

Rodrigue a épuisé toutes les raisons qui pouvaient engager Chimène à lui percer le sein. Chimène a eu réponse à tout, et il faut avouer qu'elle a soutenu la discussion avec beaucoup d'esprit. Rodrigue n'a plus rien à dire ; avec la passion et le sophisme on n'en finit jamais. Et cependant Rodrigue n'est pas convaincu. Dans l'impossibilité d'apporter de nouveaux arguments, il se borne a réitérer son offre ou plutôt sa demande. Si le comte de Gormas reste sans vengeance, on ne pourra pas dire du moins qu'il y ait de la faute de son meurtrier.

> A quoi te résous-tu ?

La position de Chimène est tellement fausse, et, par suite de cette fausse position, son rôle est tellement indécis, que tous ses interlocuteurs en sont réduits au même point : l'impossibilité de comprendre ce qu'elle se propose de faire en définitive. Nous avons entendu tout-à-l'heure Elvire lui demander, à la fin de leur entretien : *Après tout, que pensez-vous donc faire?* C'est maintenant le tour de Rodrigue. *A quoi te résous-tu ?* La question est très-naturelle. Chimène veut la mort de Rodrigue, et elle ne veut pas le tuer ; elle veut qu'on sache qu'elle l'adore, et elle lui recommande de se cacher en sortant de chez elle. Tout cela est passablement contradictoire. Au milieu de tant de projets qui se heurtent, et de tant de résolutions qui s'entrechoquent, le bon sens de Rodrigue a le droit de s'égarer. Il demande donc une conclusion. Chimène, fidèle à son caractère, va lui en donner une si peu concluante, que Rodrigue sera contraint de conclure lui-même, et nous verrons avec quelle justesse et quelle sagacité il le fera.

> Malgré des feux si beaux qui troublent ma colère,
> Je ferai mon possible à bien venger mon père;

Chimène ne dit pas la vérité. Elle ne fera pas son possible pour venger son père. Et la preuve qu'elle ne le fera pas, c'est qu'elle refuse de le faire en ce moment même. Si elle tenait réellement à venger son père, elle n'aurait qu'à profiter de l'offre que lui fait Rodrigue. En frappant Rodrigue, elle satisferait à sa vengeance, mais elle sacrifierait son amour. Tel est le résultat dont elle ne veut point. La passion est donc plus forte chez elle que le devoir; la lutte qu'elle semble soutenir n'a d'autre but que de sauver le *décorum*. Et l'on peut conjecturer, avec quelque apparence de vérité, que Chimène qui dissimule devant le monde, dissimule même jusqu'à un certain point avec son amant. Par une coquetterie toute féminine, elle ne veut pas lui laisser voir toute l'étendue de l'empire qu'il a pris sur elle. Et, en effet, il y a deux nuances très-remarquables, ou, si l'on aime mieux, deux degrés de profondeur dans la dissimulation de Chimène. Lorsqu'elle est devant le roi et devant la cour, elle dissimule avec le plus grand soin son amour pour Rodrigue. Elle met en avant son devoir, ou ce qu'elle appelle son devoir, comme si c'était là l'objet exclusif de sa préoccupation. Lorsqu'elle est seule avec sa confidente ou avec son amant, elle ne dissimule plus sa passion, mais elle en dissimule jusqu'à un certain point la violence ; elle parle encore de son devoir, et elle voudrait bien donner à entendre qu'elle est fermement résolue à s'y soumettre. Ce n'est que malgré elle qu'elle laisse percer l'impuissance qu'elle éprouve de sacrifier son amant à la mémoire de son père. C'est bien là, si nous ne nous trompons, le caractère fondamental de ce rôle si compliqué, et c'est là aussi, ce nous semble, ce que l'*Académie* et Corneille lui-même ont appelé *l'inégalité de mœurs* de Chimène.

Mais, malgré la rigueur d'un si cruel devoir,

Mais quoique ce cruel devoir me paraisse un devoir rigoureux, ce qui ne veut pas dire un devoir *pénible à remplir ; pénible à remplir* formerait un double emploi avec *cruel*. Cela veut dire un devoir *qu'il faut absolument accomplir*, un devoir *dont on ne peut pas se dispenser*.

Mon unique souhait est de ne rien pouvoir.

En s'arrêtant à cette dernière idée, Chimène semble prouver de nouveau qu'elle n'a pas mesuré toute l'étendue de sa position, et qu'elle ignore une partie de son devoir, ou, si l'on veut, une partie de ses ressources. Supposons que, conformément à son vœu, sa poursuite contre Rodrigue n'ait aucun succès, se croira-t-elle donc tout-à-fait quitte envers son père, et croira-t-elle qu'il ne lui reste plus rien à faire que de se livrer à son amant ? Comment Chimène ne voit-elle pas qu'en supposant que la justice des hommes lui fasse faute, il lui reste contre Rodrigue une arme dont le coup est infaillible : c'est le refus positif de sa main ; et que c'est là la grande et véritable manière de venger son père et de punir Rodrigue! Dans le fait, la poursuite de Chimène n'a aucun succès. Au fond, elle ne peut en avoir aucun, puisque, d'après les mœurs du temps, elle n'est pas fondée. D'ailleurs, en supposant qu'elle le fût, Rodrigue devient inexpugnable par sa victoire sur les Maures. Rodrigue échappe encore à la vengeance de Chimène par son triomphe sur Don Sanche. Aussi ce double incident une fois écarté, Chimène se trouve, ou, du moins, elle paraît se trouver mûre pour le mariage, et elle donne ou paraît donner son consentement. C'est donc là, nous le répétons, le côté faible de ce caractère, et c'est en cela que nous croyons pouvoir blâmer la conception de Guilhem de Castro, et l'adoption un peu trop scrupuleuse dont elle a été l'objet de la part du grand Corneille. Le comte de Gormas une fois tué, il ne fallait pas que Chimène s'arrêtât à exercer contre Rodrigue une poursuite qui n'avait aucun fondement, et que, pour concilier sa passion avec son devoir, elle se mît à faire des vœux pour que sa poursuite n'obtînt aucun succès. Il fallait aller hardiment au cœur de la situation, il fallait introduire Chimène déclarant que jamais elle ne consentirait à donner sa main au meurtrier de son père; ce qui ne l'obligeait point d'ailleurs à étouffer sa passion, mais à la réduire au silence. Alors la tâche du poète était clairement tracée. Il devait inventer des moyens, imaginer des incidents qui obligeassent Chimène à revenir sur cette résolution; et ce qui aurait été le comble de l'art, c'aurait été qu'un devoir plus impérieux ou quelque convenance supérieure l'eût ramenée à d'autres sentiments. Nous ne prétendons pas dire, il est vrai, que ces moyens fussent faciles à imaginer; notre intention n'est pas non plus de discuter ici la valeur de ceux que l'Académie a proposés ; mais nous osons croire que si le drame eût été développé en ce sens, en supposant toujours qu'il eût pu l'être, il n'aurait rien perdu, ni en grandeur, ni en intérêt, et que, très-probablement, il aurait gagné en moralité.

O miracle d'amour !

O miracle d'amour ! semble affaiblir cette touchante scène, et n'est point dans l'espagnol *(Voltaire).* *O miracle d'amour !* n'est point dans l'espagnol, et jusque là Voltaire a parfaitement raison. Mais il y a bien d'autres choses dans Corneille qui ne sont point dans l'espagnol, et qui n'en sont pas moins bonnes pour cela. Celle-ci est certainement une des meilleures. L'idée que cette exclamation puisse affaiblir la scène, est une inadvertance qui a le droit de nous surprendre de la part d'un homme d'un goût si sûr et d'une intelligence aussi pénétrante que Voltaire. Nous avons dit tout-à-l'heure que Rodrigue ayant demandé à Chimène une conclusion, Chimène allait répondre d'une manière si peu concluante que Rodrigue serait obligé de conclure lui-même, et nous annoncions d'avance qu'il le ferait avec un rare bonheur. La conclusion de Rodrigue, la voilà : *O miracle d'amour !* De tout ce qu'il vient d'entendre, le jeune castillan conclut que Chimène l'aime passionnément, que l'amour de Chimène est véritablement miraculeux. Nous laissons à juger de combien il se trompe, et combien il est exact de dire que cette exclamation affaiblisse la scène, sous prétexte qu'elle n'est point dans l'espagnol. *O miracle d'amour !* mais cette exclamation résume d'un seul mot et d'une manière admirable, tout l'entretien des deux amants ; elle lui imprime le véritable caractère qu'il a eu, au moins du côté de Chimène. Et non seulement cette exclamation résume tout ce qui précède : elle forme, entre ce qui précède et ce qui suit, une transition extrêmement heureuse. Comment peut-on dire dès-lors que la scène en soit affaiblie !

O comble de misères !

Ce qui frappe Rodrigue, c'est l'amour de Chimène, c'est la violence et la profondeur de la passion qu'il a su lui inspirer. Ce qui frappe Chimène, c'est l'étendue du malheur qui pèse sur elle, c'est l'horreur de l'abîme où elle est tombée.

Que de maux et de pleurs nous coûteront nos pères !

Les explications entre Rodrigue et Chimène sont terminées. Leur position est nettement dessinée. Leur grandeur d'ame et leur fermeté ont été mises dans tout leur jour. On sait avec quelle ardeur ils se sont dévoués l'un et l'autre aux principes de l'honneur. Sans doute ils ne se sont pas élevés jusqu'à l'idéal du devoir et de la vertu. Rodrigue lui-même ne représente qu'une moralité imparfaite et relative. Quant à Chimène, elle est bien inférieure à lui sous ce rapport Elle n'embrasse qu'une ombre de devoir, et encore jusqu'à quel point l'embrasse-t-elle sincèrement ? C'est ce qui n'est pas facile à déterminer. Quoi qu'il en soit, l'entretien de ces deux personnages a un caractère moral, en ce sens que l'un et l'autre y parlent du devoir, proclament le devoir, et manifestent l'intention de s'y dévouer. Si la passion se montre quelquefois, c'est à l'ombre du devoir qu'elle ose le faire, c'est en se subordonnant, et, tout au moins, en ayant l'air de se subordonner à ce généreux mobile. C'est donc là, nous n'hésitons pas à le dire, un des traits les plus remarquables de cette admirable scène. Supposez un moment que Chimène et Rodrigue s'entretiennent de leur amour à côté du cadavre à peine refroidi du comte de Gormas, supposez qu'ils mettent leur passion en première ligne, et qu'ils en paraissent exclusivement préoccupés, vous n'aurez que deux êtres hideux et repoussants dont le cynisme vous révoltera. Mais la grande figure du devoir, quelque obscurcie qu'on la suppose dans leur intelligence, plane sur tout leur entretien; sa voix domine toutes leurs émotions. On voit bien clairement que le devoir est pour eux une préoccupation obligée, un véritable but proposé aux efforts de l'homme. La passion n'occupe, dans toute la scène, qu'un rang secondaire et tout-à-fait inférieur. C'est en se renfermant dans ses justes limites qu'elle a acquis le droit de s'y mouvoir librement. Aussi la voit-on circuler et se répandre dans l'entretien des deux amants, comme une sève abondante et tiède qui porte partout le mouvement et la vie. Maintenant que nous sommes complètement rassurés sur la haute moralité des deux personnages, la passion a le droit de se montrer un moment toute seule. Aussi la voyons-nous éclater avec la plus grande énergie. Mais qu'on remarque cependant avec quelle décence, avec quelle sobriété elle le fait. Ce sont des exclamations courtes et rapides, des sanglots à demi comprimés, et encore ces exclamations expriment-elles de mélancoliques regrets sur un passé totalement détruit, plutôt que des espérances inconvenantes pour un avenir plus heureux. *Rodrigue, qui l'eût cru!... Chimène, qui l'eût dit!... Ah! mortelles douleurs! Ah! regrets superflus!* La scène se termine avec autant de bonheur qu'elle avait commencé ; et, nous n'hésitons pas à le dire, les derniers traits en font le plus grand honneur au génie de Corneille ; ils nous en révèlent toute la délicatesse.

> Adieu, je vais traîner une mourante vie
> Tant que par ta poursuite elle me soit ravie,

Jusqu'à ce que par ta poursuite. L'Académie reproche à Rodrigue de ne s'être pas tué aux pieds de sa maîtresse, puisque Chimène a refusé de lui ôter la vie ; *l'Académie* aurait voulu qu'il annonçât au moins par quelque démonstration qu'il avait envie de le faire. Nous pensons que *l'Académie* n'a pas bien compris le rôle de Rodrigue. On s'est complètement mépris sur l'élévation et la beauté de ce noble caractère. Rodrigue est venu offrir sa vie à Chimène, cela est vrai. Dans ses idées de délicatesse et d'bonheur, il croit lui devoir une expiation, et il la lui offre. Mais Rodrigue ne se regarde pas comme criminel ; il ne doit sa vie à personne, et, s'il l'offre à sa maîtresse, c'est par pur dévouement. Chimène n'accepte pas cette satisfaction : elle ne peut réellement pas l'accepter ; cependant Rodrigue s'est mis à sa discrétion, et dès lors il a rempli le devoir qu'il s'était volontairement imposé envers elle. Mais parce que Chimène ne veut pas tuer Rodrigue, exiger de celui-ci qu'il s'immole de sa propre main, c'est vouloir tout bonnement lui faire commettre une absurdité. Sans doute Rodrigue ne peut plus être heureux ; sa position est critique et cruelle. Mais est-elle donc sans ressource ? Chimène l'aime encore et ne peut s'empêcher de l'estimer, pourquoi s'abandonnerait-il au désespoir ? D'ailleurs quand il serait réduit à souhaiter la mort, il n'y a pas de raison pour qu'il se hâte de se la donner lui-même.

> Si j'en obtiens l'effet, je t'engage ma foi
> De ne respirer pas un moment après toi.

Entre Chimène et Rodrigue, comme on le voit, c'est à la vie et à la mort. Si Chimène parvient à faire punir Rodrigue, elle ne lui survivra point, et en ceci du moins tout annonce qu'elle est sincère. Voilà aussi pourquoi Chimène nous intéresse et nous attache, malgré les justes reproches auxquels son caractère peut donner lieu. Chimène aime Rodrigue ; elle l'aime passionnément ; mais elle n'aime que lui, elle n'en aimera jamais d'autre. Voilà ce qui rend sa passion si intéressante et si respectable. Voilà ce qui l'ennoblit, ce qui la purifie, ce qui lui donne un certain relief de moralité. Cette passion si violente est profondément exclusive; il n'en faut pas davantage pour la mettre presque au niveau du devoir et de la vertu. Voilà l'élément moderne et chrétien que nous rencontrons dans le caractère de Chimène, et voilà pourquoi, malgré ses faiblesses, elle nous intéresse et nous transporte. Si le mariage était obligatoire, Chimène serait une héroïne. Le mariage est facultatif, cela est vrai; mais ce qui n'est point facultatif, au gré de certaines ames d'élite, c'est de nouer et de renouer à plusieurs reprises, et avec une certaine légèreté, ce mystérieux et ineffable lien qui unit l'homme à la femme. Chimène appartient évidemment à ces ames privilégiées. Il y a eu, de la part de *Scudéri*, quelque chose de grossièrement mensonger à l'appeler impudique et prostituée. Si elle pèche, en effet, c'est plutôt par l'excès contraire. Il est évident, par tout ce qu'elle dit, qu'elle abonde dans le sens de la monogamie chrétienne. Comme une chaste et digne veuve qui reste fidèle à la mémoire de celui qui fut son époux, Chimène veut rester fidèle à celui qui devait être le sien.

Ces trésors de tendresse et de dévouement qu'elle avait promis à Rodrigue, elle n'ira point les prostituer à un autre. Cet homme qu'elle avait choisi pour être son appui, elle ne le remplacera jamais. Tel est donc, ce nous semble, l'élément remarquable qui semble racheter les défauts de ce caractère si complexe et si passionné, et qui appelle du moins sur eux l'indulgence du spectateur. La passion fait le fond de ce caractère ; c'est évident. L'amour pour Rodrigue, telle est l'essence de Chimène ; mais cette passion semble s'ennoblir par sa violence même, et tout au moins par l'obligation qu'elle s'impose de ne prendre jamais une autre direction. Voilà, nous le croyons bien ce qui fait qu'on s'intéresse à Chimène. Voilà pourquoi le *Cid* a triomphé des attaques violentes de *Scudéri* et des censures moins acerbes, mais non moins superficielles de l'*Académie* ; voilà sans doute aussi pourquoi, suivant la belle et juste expression de Boileau :

Tout Paris pour Chimène a les yeux de Rodrigue.

SCÈNE V^e. Don Diègue.

Nous venons d'entendre Chimène dans sa maison ; mais où est maintenant Don Diègue ? Ce n'est pas assurément dans cette maison. Le spectateur ne peut pas se figurer ce qu'il voit ; et c'est là un très-grand défaut pour notre nation, qui veut partout de la vraisemblance, de la suite, de la liaison : qui exige que toutes les scènes soient naturellement amenées les unes par les autres *(Voltaire)*. Assurément Don Diègue n'est pas dans la maison de Chimène. Il est évident, d'après les paroles mêmes qu'il prononce, qu'il se trouve au milieu d'une rue ou d'une place publique. Si le spectateur ne s'en aperçoit pas sur-le-champ, c'est uniquement la faute du décorateur ou du machiniste. Il n'est pas toujours possible que les scènes soient amenéés les unes par les autres. Ici, par exemple, il est très-vraisemblable, au contraire, que, pendant que Rodrigue est chez Chimène, son père le cherche dans les rues de Séville, et il est fort possible qu'en sortant de la maison du comte de Gormas, Rodrigue rencontre son père. Toutes les difficultés dont Voltaire paraît effrayé, disparaissent évidemment devant une mise en scène intelligente et habile. Un changement de décoration explique tout.

> Nos plus heureux succès sont mêlés de tristesse;
> Toujours quelque soucis en ces événements
> Troublent la pureté de nos contentements.

Ces événements se rapporte à *nos plus heureux succès.*

> Au milieu du bonheur mon ame en sent l'atteinte :

L'atteinte des soucis.

> En vain je m'y travaille,

En vain je travaillle à la voir, la main qui m'a vengé.

> Je pense l'embrasser, et n'embrasse qu'une ombre;
> Et mon amour deçu par cet objet trompeur,
> Se forme des soupçons qui redoublent ma peur.

Les deux derniers vers ne sont pas très-clairs. On ne voit pas bien de quelle nature sont les soupçons que se forme Don Diègue, ni comment ces soupçons contribuent à redoubler sa frayeur.

> Je crains du comte mort les amis et la suite;
> Leur nombre m'épouvante et confond ma raison.
> Rodrigue ne vit plus, ou respire en prison.

Que Don Diègue craigne pour son fils les amis et la suite du comte, cela se conçoit; mais qu'il redoute son emprisonnement, cela nous paraît déplacé. Y avait-il des prisons pour les duellistes, en l'an de grâce 1060 ?

> Ma crainte est dissipée, et mes ennuis cessés.

L'observateur a mal repris cet endroit ; *cessés* est bien dit en poème, pour *apaisés* ou *finis (Académie)*.

> Ne me dites plus rien ; pour vous j'ai tout perdu ;
> Ce que je vous devais, je vous l'ai bien rendu.

Il y a quelque chose de dur et de cruel dans ces deux vers. Rodrigue semble reprocher à son père ce qu'il a fait pour lui. On doit mettre cela sur le compte du désespoir auquel il est en proie, en sortant de chez Chimène. Il faut bien que la nature humaine se trahisse par quelque endroit, et c'est ici la seule marque de faiblesse qu'on ait à reprocher à Rodrigue dont le caractère est si profondément et si constamment noble, élevé, généreux et désintéressé.

> Porte, porte plus haut le fruit de ta victoire.
> Je t'ai donné la vie, et tu me rends ma gloire ;
> Et d'autant que l'honneur m'est plus cher que le jour,
> D'autant plus maintenant je te dois de retour.

Il y a, dans ces paroles de Don Diègue, une grande noblesse de sentiments, et une grande preuve d'indulgence paternelle.

> Mais d'un cœur magnanime éloigne ces faiblesses ;

Mais éloigne de toi des sentiments qui sont des faiblesses dans un cœur magnanime.

> Nous n'avons qu'un honneur ; il est tant de maîtresses !
> L'amour n'est qu'un plaisir, l'honneur est un devoir.

Voici une théorie qui ne peut pas satisfaire Rodrigue. Chimène n'est pas une maîtresse, à proprement parler ; c'est une sorte de fiancée ; c'est celle que Rodrigue s'est plu à considérer comme devant être sa femme. *L'amour n'est qu'un plaisir.* Dans certains cas, oui; mais quelquefois aussi c'est un devoir.

> Ah! que me dites-vous? — Ce que tu dois savoir.

Non, Rodrigue ne doit point, ne peut point savoir cela. Il n'a pas l'expérience et par conséquent la sécheresse de cœur du vieillard. Il est dans l'âge des illusions et des dévouements; il ne conçoit pas l'inconstance; il n'admet pas qu'on puisse abandonner la femme à laquelle on s'est irrévocablement engagé.

> Et vous m'osez pousser à la honte du change!

A la honte du changement.

> Mes liens sont trop forts pour être ainsi rompus;
> Ma foi m'engage encor si je n'espère plus;

On voit que Rodrigue ne se croit pas délié de ses serments, malgré la catastrophe qui semble lui ôter l'espérance. Chimène était sa fiancée, elle devait être sa femme, il n'en aura pas d'autre. La pensée qu'il puisse en épouser une autre ne se présente pas même à son esprit. Rodrigue et Chimène sont donc dignes l'un de l'autre; leurs sentiments sont à la même hauteur.

> Et ne pouvant quitter ni posséder Chimène,
> Le trépas que je cherche est ma plus douce peine.

Ma plus douce peine signifie ici *le moindre de mes maux.*

Rodrigue ne voit donc qu'une issue à sa cruelle position : c'est la mort. Tel est le sentiment que doit éprouver un jeune homme, et un jeune homme d'un caractère comme le sien. Mais alors, dira-t-on, pourquoi ne se tue-t-il pas? Par la raison qu'il y a une grande différence entre souhaiter la mort et se donner la mort. Le suicide suppose toujours deux choses : un désespoir absolu, complet, et un manque total de courage pour supporter l'adversité. L'homme qui se tue est faible, c'est évident. Rodrigue a une ame trop fortement trempée pour s'abandonner à une telle lâcheté. Sans doute il voit très-clairement, ou du moins il croit voir que la vie ne lui présente plus aucune chance de bonheur, et il fait la réflexion très-juste, à son point de vue, que vivre sans Chimène, autant vaudrait pour lui être mort. Mais ce n'est pas là une raison pour qu'il se tue, c'est-à-dire pour qu'il cède lâchement la victoire au malheur qui le persécute. Non, Rodrigue tiendra tête en homme de cœur, et, tout en souhaitant la mort, il continuera à vivre noblement.

> Il n'est pas temps encor de chercher le trépas;
> Ton prince et ton pays ont besoin de ton bras.

Voilà la raison qui empêche Rodrigue de se tuer ; voilà le motif qui le détermine à braver la censure de l'*Académie*. Mais, dira-t-on, cette raison lui est suggérée par son père. Peut-être ne s'est-elle pas présentée à son esprit. Nous répondrons qu'il n'est pas probable que ce soit pour la première fois que Don Diègue parle à son fils des devoirs d'un honnête homme et des obligations d'un bon citoyen. Sans doute, à la vue du découragement qui s'est emparé de Rodrigue, le noble vieillard croit qu'il est utile de lui rappeler les maximes qu'il lui a souvent inculquées; mais certainement Rodrigue n'a besoin que de se souvenir. Il connaît très-bien son devoir, et il est tout disposé à se conduire d'après le précepte qu'on lui remet sous les yeux.

Dans ce malheur public mon bonheur a permis.
Que j'ai trouvé chez moi cinq cents de mes amis,

Que j'ai trouvé. Il faudrait *que je trouvasse* ou *que j'aie trouvé.*

Qui sachant mon affront, poussés d'un même zèle,
Se venaient tous offrir pour venger ma querelle.

Scudéri condamne l'assemblée de ces cinq cents gentils-hommes, et l'*Académie* l'approuve. C'est un trait fort ingénieux, inventé par l'auteur espagnol, de faire venir cette troupe pour une chose, et de l'employer pour une autre *(Voltaire).* Le trait est fort ingénieux sans doute, mais il est de l'invention de Corneille : l'auteur espagnol n'y est pour rien.

Fais devoir à ton roi son salut à ta perte.

Fais en sorte que ton roi doive son salut à ta perte ; fais que ta perte assure le salut de ton roi.

Ne borne pas ta gloire à venger un affront :
Porte-la plus avant ; force par ta vaillance
La justice au pardon, et Chimène au silence.

Don Diègue ambitionnne pour son fils une victoire éclatante qui fasse taire la justice, qui le mette à l'abri du châtiment qu'il pourrait avoir encouru par son duel avec le comte, et qui oblige Chimène à renoncer à sa poursuite. Le premier point n'est pas le plus difficile à obtenir. Rodrigue est à l'abri de la justice, même avant sa victoire. Quant au silence de Chimène, c'est une autre question. Nous verrons dans le quatrième acte, qu'après la défaite des Maures, Chimène ne cesse pas de poursuivre Rodrigue. On pourrait croire néanmoins que cette poursuite sera nécessairement affaiblie. C'est le contraire qui arrive. Mais n'anticipons pas sur la marche du poète.

Si tu l'aimes, apprends que revenir vainqueur
C'est l'unique moyen de regagner son cœur.

Don Diègue va plus loin : il suppose que la victoire de Rodrigue pourra lui faire reconquérir ses droits sur Chimène. Ceci est un trait remarquable, et qui se lie très-bien à toute la suite de l'action. Le mariage de Rodrigue avec Chimène, après la mort du comte, si ce mariage a jamais lieu, sera en grande partie l'œuvre de Don Diègue. C'est lui qui va pousser à ce dénouement, et c'est ici pour la première fois qu'il manifeste son projet. Don Diègue n'explique pas très-bien comment la victoire de Rodrigue lui fera, non pas regagner le cœur de Chimène qu'il n'a pas perdu, mais obtenir sa main, ce qui est le point capital. Sans doute la victoire de Rodrigue augmentera l'estime du public pour lui, et par conséquent l'estime et l'amour de Chimène. Mais comment celle-ci se trouvera-t-elle conduite à fouler aux pieds la grave inconvenance qu'il y a, pour une fille honnête, à épouser le meurtrier de son père ? C'est ce que Don Diègue ne dit pas. Le bon vieillard affirme plus qu'il ne démontre. On verra bientôt qu'indépendamment de la victoire de Rodrigue sur les Maures, il faudra faire jouer d'autres ressorts, pour arriver au dénouement, et, malgré tout cela, le mariage restera indécis et tout-à-fait problématique. Quoi qu'il en soit, l'idée de Don Diègue est assez clairement exprimée, et son projet se décèle d'une manière assez évidente. Nous n'hésitons pas à y voir un très-heureux détail, et une nouvelle preuve du caractère très-remarquable de ce digne et généreux vieillard. Il sent bien que son cher Rodrigue lui a rendu service à son détriment ; il ne demande pas mieux que de réparer le mal qu'a produit pour son fils la réparation de son propre honneur. Il se plaît donc à lui faire entrevoir que ce mal n'est pas sans remède, et que Chimène n'est pas perdue pour lui sans retour.

> Viens, suis-moi ; va combattre, et montrer à ton roi
> Que ce qu'il perd au comte, il le recouvre en toi.

Ce qu'il perd au comte signifie *ce qu'il perd à la mort du comte, ce qu'il perd dans la personne du comte.* Les quatre derniers vers de ce troisième acte nous offrent encore un modèle de ce style énergique et précis qui est si familier à Don Diègue. Le rôle de ce personnage est écrit d'un bout à l'autre avec une verve très-remarquable.

ACTE QUATRIÈME.

SCENE Ire. CHIMÈNE, ELVIRE.

Le théâtre représente nécessairement la maison de Chimène.

N'est-ce point un faux bruit ? Le sais-tu bien, Elvire ?

Le quatrième acte commence dès le matin, le lendemain du jour où Rodrigue a tué le comte de Gormas. Pendant la nuit, Rodrigue a repoussé les Maures, qui étaient venus faire une tentative sur Séville. Le bruit de cette victoire commence à se répandre dans toute la ville, et voilà ce qui fait le sujet de l'entretien entre Chimène et sa confidente. On se demandera peut-être si Chimène ne ferait pas mieux de penser aux funérailles de son père, que de s'occuper de la victoire de Rodrigue et de sa passion pour ce jeune gentilhomme. Nous répondrons que le *Cid* n'est point un drame historique, à proprement parler, et que le poète ne s'y est point piqué d'un grand amour pour la réalité : c'est plutôt un drame héroïque et chevaleresque, où domine l'idéal. Sans doute, il serait plus naturel de supposer qu'il y a eu quelques mois d'intervalle entre la mort du comte et la défaite des Maures par Rodrigue. Mais Corneille a cru devoir se soumettre à la fameuse règle de l'unité de temps. Telle est la raison qui l'a obligé à rapprocher des événements et par conséquent des situations qui ne peuvent guère se développer, et qui, dans le fait, ne se sont point développés en un jour. C'est une concession qu'il faut faire à l'artiste.

> Trois heures de combat laissent à nos guerriers
> Une victoire entière, et deux rois prisonniers ;
> La valeur de leur chef ne trouvait point d'obstacles.

Ce combat n'est point étranger à la pièce ; il fait au contraire une partie du nœud, et prépare le dénouement en affaiblissant nécessairement la poursuite de Chimène, et rendant Rodrigue digne d'elle. Il fait, si je ne me trompe, souhaiter au spectateur que Chimène oublie la mort de son père en faveur de sa patrie, et qu'elle puisse enfin se donner un jour à Rodrigue *(Voltaire)*. L'observation de Voltaire ne manque pas d'une certaine justesse ; mais elle est loin d'être complète ; elle laisse beaucoup à désirer. La victoire de Rodrigue sur les Maures fait partie intégrante de la pièce ; on ne peut en disconvenir ; elle contribue au dénouement, ou, pour mieux dire, au développement de l'action ; car, pour arriver au dénouement, il faudra, comme on le verra plus tard, faire jouer d'autres ressorts. Mais il faut s'entendre sur la manière dont ce combat contribue au développement dramatique. Or, c'est ici que Voltaire nous paraît se tromper. La victoire de Rodrigue fait bien souhaiter, si l'on veut, au spectateur que Chimène oublie la mort de son père, et que Rodrigue puisse obtenir la main de sa maîtresse. Mais il ne faut pas dire que cette victoire affaiblit nécessairement la poursuite de Chimène. Cette proposition jure avec tout le quatrième acte, et semble prouver que Voltaire ne s'en est pas rendu un compte parfaitement satisfaisant. Il suffit de lire cet acte avec la plus mince attention, pour arriver à une conclusion diamétralement opposée. La victoire de Rodrigue produit deux conséquences très-remarquables, et qui, quoique contradictoires en apparence, n'en sont pas moins très-naturelles toutes les deux. Et d'abord Rodrigue s'est élevé, il a grandi en importance, il est devenu plus intéressant pour les spectateurs, pour tous les personnages qui l'entourent et pour Chimène elle-même, sans contredit. Celle qui a senti redoubler son amour pour le vainqueur de son père, va sentir croître sa passion pour le vainqueur des Maures. L'amour de Chimène va augmenter, à proportion de son admiration croissante pour Rodrigue. Ce résultat est fatal, et la pauvre Chimène ne peut rien faire pour le prévenir. Mais, d'un autre côté, et c'est là ce qu'il y a de remarquable dans ce quatrième acte, c'est là ce qui en fait le fond, ce qui en constitue l'originalité, la victoire de Rodrigue, tout en augmentant la passion de Chimène, n'affaiblira point la poursuite de celle-ci contre son amant. Au contraire, nous allons voir cette poursuite redoubler elle-même de violence, et dégénérer en véritable fureur. Nous n'hésitons pas à le dire : il y a là un des plus heureux développements que le génie de Corneille pût imaginer. C'est par là que Chimène nuira elle-même à sa vengeance, et qu'elle contribuera, sans le savoir, au dénouement qu'elle paraît vouloir éviter. Au reste, il ne faut pas dire avec Voltaire que la victoire de Rodrigue rendra celui-ci plus digne de Chimène. La conception de ce dernier caractère reste toujours soumise au reproche fondamental que nous avons déjà formulé. Toutes les victoires du monde ne peuvent effacer l'indignité dont Rodrigue se trouve couvert par la mort du comte de Gormas. Aussi verrons-nous plus tard que la volonté de Chimène n'entre pour rien dans le dénouement. Elle sera forcée par l'autorité royale, et ne donnera qu'à grand'peine son consentement, si toutefois elle le donne. Quant à la patrie, elle est complètement désintéressée dans la question. Il importe fort peu à la Castille que Rodrigue épouse Chimène, ou qu'il épouse toute autre personne. La seule chose qui lui importe, c'est que la vie de Rodrigue ne soit pas mise en danger, et cette satisfaction, la Castille ne l'obtient pas. Que si la patrie était réellement intéressée au mariage des deux amants, il faudrait le dire, il faudrait l'établir. Or, il n'y a rien, dans toute la pièce, qui se rapporte à une pareille idée, qui puisse faire soupçonner un pareil fait.

> Rodrigue n'ose encor paraître en sa présence.

Le poète suppose que Rodrigue n'ose pas paraître devant le roi, à cause de son duel avec le comte de Gormas. Cette supposition est une suite de l'anachronisme que Corneille s'est permis, en donnant à entendre à plusieurs reprises que Rodrigue avait commis un délit, en se battant en duel.

> Mais n'est-il point blessé?

Cette question trahit la passion et la préoccupation de Chimène. Elle trahit aussi sa dissimulation. Chimène a d'abord demandé si la victoire était certaine, si Rodrigue en avait eu réellement la gloire. Elle s'est informée ensuite de l'effet que cette victoire pouvait avoir produit sur l'esprit du roi. Elle a réservé pour la fin la question dont la solution touche le plus directement à son amour. Elle veut donc dissimuler jusqu'à un certain point, aux yeux de sa confidente elle-même, le vif intérêt qu'elle prend au sort de Rodrigue.

> Je n'en ai rien appris.

La réponse que le poète met dans la bouche d'Elvire, est calculée de manière à rassurer Chimène, et de manière à laisser le champ libre à la feinte que le roi va employer, au commencement de la cinquième scène.

> Vous changez de couleur!

Ces mots *vous changez de couleur!* sont vagues. Cela ne dit pas de quelle nature est le changement. Chimène rougit-elle, ou pâlit-elle? Nous croyons qu'elle rougit. D'après la réponse d'Elvire, rien n'indique que Rodrigue soit blessé. Dès-lors Chimène peut espérer qu'il est sorti du combat sain et sauf. Cette espérance la rassure, et cette assurance lui fait plaisir. Elle doit donc rougir. Et, en effet, c'est la rougeur qui trahit l'émotion agréable. La pâleur est le signe de la tristesse et de la terreur.

> Reprenez vos esprits

Si nous avons bien interprété les mots *vous changez de couleur,* il s'ensuit que *reprenez vos esprits* forme avec eux une sorte de contre-sens. C'est à une personne qui tombe en défaillance, qui paraît succomber à une émotion désagréable, qu'on peut dire : *reprenez vos esprits.* Cela ne se dit point à une personne qui est émue agréablement, et qui laisse voir par sa rougeur qu'elle est heureuse d'apprendre une bonne nouvelle.

> Reprenons donc aussi ma colère affaiblie.
> Pour avoir soin de lui faut-il que je m'oublie?

Avoir soin de lui signifie ici *m'occuper de lui.*

> On le vante, on le loue, et mon cœur y consent!
> Mon honneur est muet, mon devoir impuissant!

On ne peut pas se tromper sur la nature des sentiments qu'éprouve Chimène, par suite de son entretien avec Elvire. L'idée que Rodrigue est le véritable vainqueur des Maures, et l'idée qu'il n'est point blessé, ou que du moins on peut espérer qu'il ne l'est pas, lui ont fait plaisir évidemment ; c'est ce plaisir là qu'elle se reproche.

> Silence, mon amour ! laisse agir ma colère :

Nous n'avions pas tort de dire que la victoire de Rodrigue n'affaiblirait en rien la poursuite de Chimène. On voit bien clairement que c'est tout le contraire qui arrive. La suite va le démontrer de plus en plus. Le génie de Corneille se montre ici sous une nouvelle face, et c'est ce que Voltaire ne paraît pas avoir très-bien compris. Cette réaction qui s'opère chez Chimène est très-naturelle ; elle va devenir un des moyens les plus ingénieux et les plus efficaces pour pousser au dénouement. Dans la crainte de ne pas faire assez, ou de ne pas paraître faire assez pour son devoir, Chimène va faire beaucoup trop. Elle va se laisser aveugler par la colère ; et elle fera tant qu'elle hâtera elle-même la catastrophe qu'elle semble vouloir éviter.

> S'il a vaincu deux rois, il a tué mon père ;

Le raisonnement de Chimène est sans réplique. Aux yeux de Chimène, du moins, Rodrigue ne peut pas être lavé de la souillure qu'il a contractée par la mort du comte. Si Chimène se bornait à dire que, malgré toute sa passion pour Rodrigue, elle ne sera jamais sa femme, elle serait tout-à-fait dans le vrai, et il deviendrait très-difficile, pour ne pas dire impossible, de la contraindre à épouser même le vainqueur des Maures. Dès lors, pour amener un pareil dénouement, il faudrait employer d'autres moyens que ceux que Corneille a mis en œuvre. Mais

Chimène va beaucoup trop loin. Elle abandonne une position presque inexpugnable pour en prendre une plus incertaine et plus précaire. Elle veut venger son père qui ne doit pas être vengé ; elle veut faire mourir Rodrigue qui n'a pas mérité la mort. C'est en s'engageant dans cette fausse route qu'elle se fourvoie, et qu'elle vient se livrer elle-même à la tactique de ses adversaires.

> Vous, qui rendez la force à mes ressentiments,
> Voiles, crêpes, habits, lugubres ornements,

Lugubres ornements, forme une apposition qui s'accorde très-bien avec *voiles* et avec *crêpes;* mais qui ne s'accorde pas aussi bien avec *habits* employé sans épithète. Les voiles et les crêpes sont en eux-mêmes et par eux-mêmes des signes de deuil ; mais il n'y a que les habits d'une certaine espèce qui puissent avoir la même signification.

> Contre ma passion soutenez bien ma gloire ;
> Et lorsque mon amour prendra trop de pouvoir,
> Parlez à mon esprit de mon triste devoir ;
> Attaquez, sans rien craindre, une main triomphante.

La *main* mise ici pour l'homme tout entier est une expression très-heureuse et d'un fort bel effet. Ce que Chimène voit dans Rodrigue, c'est la *main* qui a tué son père. Toute cette réplique de Chimène est très-belle, d'un style très-noble et très-élevé. L'apostrophe par laquelle elle s'adresse à ses vêtements de deuil est une figure très-solennelle. On serait tenté de croire que Chimène est sincère, et l'on regrette, jusqu'à un certain point, de ne pouvoir se laisser aller à cette illusion. Malheureusement il est évident que Chimène se dispose à jouer la comédie devant l'infante et devant le roi ; dès lors on est naturellement tenté de supposer qu'elle s'exerce à son rôle, et qu'elle commence à prendre, devant sa confidente, le ton et la contenance qu'elle veut conserver devant les autres personnages.

SCÈNE IIe. L'Infante, Chimène, Léonor, Elvire.

L'infante vient faire à Chimène une visite de condoléance. Cette démarche donne lieu à une scène qui n'est point dépourvue d'intérêt. Nous allons voir le caractère de Chimène se développer sous un nouveau point de vue. Le fond de sa pensée va se trahir de plus en plus, et peut-être finirons-nous par la surprendre en flagrant délit de dissimulation.

> Je ne viens pas ici consoler tes douleurs ;
> Je viens plutôt mêler mes soupirs à tes pleurs.

L'infante n'a pas oublié, comme on le voit, que le comte de Gormas a été tué la veille même du jour où elle s'adresse à Chimène. Elle ne parle ni de Rodrigue, ni de la défaite des Maures. Elle suppose que Chimène est trop absorbée dans sa douleur, pour s'occuper d'un événement étranger à la catastrophe qui l'a frappée.

> Prenez bien plutôt part à la commune joie ;
> Et goûtez le bonheur que le ciel vous envoie.
> Madame, autre que moi n'a droit de soupirer :

C'est Chimène qui parle la première de l'événement qui fait le bonheur de toute la ville. Il n'y a qu'elle qui ait le droit de soupirer. Tous les Castillans doivent se livrer à la joie.

> Le péril dont Rodrigue a su vous retirer,
> Et le salut public que vous rendent ses armes,
> A moi seule aujourd'hui permet encor les larmes.

Les armes ne *rendent* pas, elles *procurent* ou elles *assurent* le salut public. Ces trois derniers vers ne font d'ailleurs que reproduire l'idée contenue dans les trois vers qui précèdent, sauf que Rodrigue y est nommé comme l'auteur de la victoire.

> Il a sauvé la ville, il a servi son roi,
> Et son bras valeureux n'est funeste qu'à moi.

C'est la même idée qui revient pour la troisième fois, et cette idée est très-remarquable. On voit que Chimène est très-heureuse et très-fière de la victoire de Rodrigue, puisqu'elle attache tant d'importance à en entretenir l'infante. Elle ne veut pas qu'on se taise sur le mérite de son amant, et que, sous prétexte de s'affliger avec elle, on passe sous silence la victoire de Rodrigue et la bravoure signalée dont il vient de donner la preuve. Ce n'est pas qu'elle ne se trouve à plaindre, et qu'elle ne se plaigne en effet. Mais ce qui la désole en réalité, c'est la crainte de ne pouvoir plus aspirer ouvertement à la main du jeune héros.

> Déjà ce bruit fâcheux a frappé mes oreilles;
> Et je l'entends partout publier hautement
> Aussi brave guerrier que malheureux amant.

La situation est bien profonde et bien réelle. La préoccupation de Chimène ne peut pas se trahir avec plus d'évidence. Voilà la quatrième fois qu'elle exprime la même chose en termes différents. Le mérite croissant de Rodrigue, et la barrière qui la sépare de lui, voilà ce qui absorbe toute sa pensée, ce qui la domine exclusivement.

> Qu'a de fâcheux pour toi ce discours populaire?

Ce qu'il y a de fâcheux pour Chimène dans ce triomphe de Rodrigue, et dans ces louanges dont il est l'objet, c'est de lui faire apprécier tout le mérite de son amant, et de redoubler sa passion pour lui, précisément au moment où elle s'en voit séparée par un obstacle à peu près infranchissable.

> Ce jeune Mars qu'on loue a su jadis te plaire ;
> Il possédait ton ame, il vivait sous tes lois ;

Le passé joue ici un rôle très-important. L'infante aime à se représenter comme décidément rompus les liens qui unissaient Chimène et Rodrigue. Sa propre passion trouve son compte à ce que le mariage de Rodrigue avec Chimène soit ou paraisse devenu impossible.

> On aigrit ma douleur en l'élevant si haut ;
> *En élevant Rodrigue.*
> Je sens ce que je perds quand je vois ce qu'il vaut.

Ceci répond à la question de l'infante : *Qu'a de fâcheux pour toi ce discours populaire* ? Et cette réponse est bien dans le sens que nous avons déjà indiqué.

> Ah ! cruels déplaisirs à l'esprit d'une amante !
> Plus j'apprends son mérite et plus mon feu s'augmente.

On voit par là que l'amour de Chimène n'a fait que s'accroître par suite de la victoire de Rodrigue. Ce résultat est naturel et inévitable Il n'en pouvait être autrement, et nous pouvions l'annoncer d'avance à coup sûr.

> Cependant mon devoir est toujours le plus fort,
> Et, malgré mon amour, va poursuivre sa mort.

Voilà donc ce qu'a produit cette victoire de Rodrigue sur les Maures ! L'amour de Chimène s'en est accru ; elle en convient elle-même ; mais sa poursuite contre Rodrigue en sera-t-elle nécessairement affaiblie, comme dit Voltaire ? Evidemment, c'est le contraire qui arrive. La passion reprenant de nouvelles forces, il faut bien que le devoir en reprenne à son tour. Sous l'influence d'une tendresse croissante, la vertu de Chimène s'exalte et se raidit ; elle se dresse avec un nouveau degré d'énergie en face de cet adversaire qui la menace de la subjuguer. Cette réaction est dans la nature ; et comme les excès qu'elle va produire vont pousser au dénouement, on ne saurait trop en approuver et en admirer l'emploi, au point de vue purement dramatique. C'est par de tels moyens que le grand artiste met au jour toute la vigueur et toute la sagacité de son génie. Au reste, quel que soit le nouveau développement que va prendre la poursuite de Chimène, il ne faut pas croire que son caractère essentiel et fondamental en soit altéré. La question est toujours de savoir si cette poursuite est sérieuse et sincère, ou si elle n'est pas plutôt le résultat d'une véritable dissimulation.

Hier ce devoir te mit en une haute estime ;

Cet *hier* fait voir que la pièce dure deux jours dans Corneille : l'unité de temps n'était pas encore une règle bien reconnue. Cependant, si la querelle du comte et sa mort arrivent la veille au soir, et si le lendemain tout est fini à la même heure, l'unité de temps est observée. Les événements ne sont point aussi pressés qu'on l'a reproché à Corneille ; et tout est assez vraisemblable *(Voltaire)*. Il est inutile de s'ingénier pour faire rentrer les événements de la pièce dans une période de 24 heures. L'action du Cid dure trente-six heures, ni plus ni moins ; et nous ne voyons pas que ce soit là un grand mal. L'unité de temps et l'unité de lieu n'ont pas toute l'importance qu'on leur a souvent attribuée. Voltaire paraît supposer que tout deviendra vraisemblable, si l'on peut imiter la durée de l'action à vingt-quatre heures. Nous serions plutôt disposés à penser que la vraisemblance gagnerait à ce qu'on prolongeât la durée de l'action. Il nous paraîtrait plus naturel de supposer qu'il s'est écoulé huit ou dix jours entre le troisième acte et le quatrième, que de supposer qu'il s'est écoulé seulement huit ou dix heures.

> L'effort que tu te fis parut si magnanime,
> Si digne d'un grand cœur, que chacun à la cour
> Admirait ton courage et plaignait ton amour.

On savait donc à la cour que Chimène aimait Rodrigue. Dès lors ce n'était pas la peine que Chimène dissimulât avec tant de soin l'existence de sa passion. Rien ne l'empêchait de suivre le dessein qu'elle semblait former, lorsqu'elle disait à Rodrigue :

> *Et je veux que la voix de la plus noire envie*
> *Elève au ciel ma gloire et plaigne mes ennuis,*
> *Sachant que je t'adore et que je te poursuis.*

> Ce qui fut juste alors ne l'est plus aujourd'hui.
> Rodrigue maintenant est notre unique appui,
> L'espérance et l'amour d'un peuple qui l'adore,
> Le soutien de Castille, et la terreur du Maure :

L'infante emploie d'excellentes raisons pour engager Chimène à cesser de poursuivre Rodrigue. Quoique le rôle de l'infante ait été généralement blâmé, on peut dire que son intervention ici n'est point tout-à-fait inutile. Le discours qu'elle adresse à Chimène est très-remarquable et très-important.

> Ses faits nous ont rendu ce qu'ils nous ont ôté ;
> Et ton père en lui seul se voit ressuscité ;

Cette dernière tournure est très-ingénieuse et très-adroite. Elle ne peut manquer de flatter Chimène, puisque tout en relevant l'importance de Rodrigue, elle rend hommage à la bravoure de son père.

> Et si tu veux enfin qu'en deux mots je m'explique,
> Tu poursuis en sa mort la ruine publique.
> Quoi ! pour venger un père est-il jamais permis
> De livrer sa patrie aux mains des ennemis ?
> Contre nous ta poursuite est-elle légitime ?
> Et, pour être punis, avons-nous part au crime ?

Voilà un noble et touchant appel au patriotisme de Chimène. Il n'y a rien à répondre à cela, et il est véritablement fâcheux pour l'honneur de Chimène qu'elle soit insensible à ce langage.

> Ce n'est pas qu'après tout tu doives épouser
> Celui qu'un père mort t'obligeait d'accuser ;

La réflexion de l'infante est tout-à-fait juste. C'est ce que la raison et le bon sens auraient dû dire à Chimène depuis long-temps. Après la mort de son père, elle n'avait qu'un bon parti à prendre ; c'était celui de refuser sa main à Rodrigue. C'était là la seule et véritable manière de le punir. Toute autre vengeance est illusoire et sans fondement ; celle-là ne dépendait que d'elle-même. En l'adoptant, elle ne blessait aucun devoir, aucun sentiment honorable. Après cela, si le poète voulait que Chimène épousât Rodrigue, il fallait qu'il imaginât des combinaisons propres à vaincre la résolution de Chimène, et à lui faire sacrifier à des convenances supérieures la haute convenance qui ne veut pas qu'une fille se donne au meurtrier de son père. Mais, dira-t-on, ces hautes convenances existent-elles ? Nous ne pouvons dire ni oui, ni non. Ce qu'il y a de certain, c'est que s'il en existe, il n'en existe guère, et peut-être est-ce la difficulté de conduire le drame en ce sens qui a obligé Corneille à suivre une autre direction.

Je te voudrais moi-même en arracher l'envie:
Ce vers laisse percer assez naïvement l'intérêt que prend l'infante à l'abandon de Rodrigue par Chimène.

Ote-lui ton amour, mais laisse-nous sa vie.
La proposition est très-raisonnable; elle n'admet pas de réplique. Il est évident que Chimène devrait laisser vivre Rodrigue, dans l'intérêt de son pays, et que, pour honorer son père, elle devrait lui ôter son amour, ou du moins lui refuser sa main. Le discours de l'infante est plein de sens et de convenance; mais tandis que celle-ci se place sur le terrain de la raison et de la vérité, Chimène s'enferme dans le domaine de la passion et du mensonge. Aussi sa réponse est-elle d'une faiblesse et d'une pâleur extrêmes.

Ah! ce n'est pas à moi d'avoir tant de bonté;
Et pourquoi? Quelle est la bonne raison qui s'oppose à ce que Chimène fasse à l'intérêt de son pays le sacrifice de sa vengeance? Evidemment il n'y en a aucune. Qu'est devenu le patriotisme de Chimène? Que sont devenus tous ces beaux sentiments qu'elle étalait devant le roi, au second acte, lorsqu'elle parlait de l'*intérêt public*, du *bien de tout l'Etat*? Tous ces beaux sentiments étaient simulés. Chimène a demandé la tête de Rodrigue, dans l'intérêt du roi et de la couronne. Maintenant c'est au nom des mêmes intérêts qu'on lui demande sa vie, et elle ferme l'oreille à ce langage. C'est qu'en effet Chimène ne sait pas ce que c'est que le patriotisme, comme elle ne sait pas ce que c'est que l'amour filial. Son père et son pays sont de beaux noms qu'elle met en avant,

pour cacher sa faiblesse, pour dissimuler ses véritables sentiments. Dans la réalité, il y a chez Chimène un profond caractère d'égoïsme et de personnalité. Sa passion pour Rodrigue, voilà le seul sentiment qui l'anime et qui la fait agir. Voilà le point de vue dans lequel elle s'enferme obstinément. Le pays et la famille ne sont rien pour elle : elle vit d'une vie tout-à-fait individuelle.

> Le devoir qui m'aigrit n'a rien de limité.

Un devoir qui *aigrit* ressemble plus à une *passion* qu'à un *devoir*. Et quel est le devoir qui n'ait point de *limites* ? Chimène se laisse donc emporter au-delà des bornes de la raison et de la justice. C'est par des sophismes qu'elle prélude à la violence de la conduite qu'elle va bientôt tenir.

> Quoique pour ce vainqueur mon ame s'intéresse,

Il ne s'agit plus de cela. Chimène a très-mauvaise grâce de parler de son amour pour Rodrigue, au moment où on vient de lui mettre sous les yeux les exigeances du sentiment patriotique. Qu'elle aime encore Rodrigue ou qu'elle ne l'aime plus, elle n'a pas le droit de le faire périr, dès que son existence est nécessaire à son pays. Mais, encore une fois, l'intérêt du pays n'est pour Chimène qu'un mot sonore qu'elle prononce sans y ajouter foi, et qui retentit à ses oreilles sans l'émouvoir. Otez-lui son amour pour Rodrigue, il ne reste plus rien dans cette ame étroite et exclusive. Il y a plus : son amour pour Rodrigue n'a jamais le caractère d'une passion noble et généreuse. Chimène ne s'élève point à l'idéal de l'amour. Elle n'aime point Rodrigue pour lui-même ; c'est pour elle et relativement à elle, c'est pour son propre bien et pour son propre avantage qu'elle s'attache à lui.

Chimène est donc marquée au coin de l'égoïsme le plus complet, de la personnalité la plus absolue. Et c'est bien là la Chimène de l'histoire. Que porte en effet la tradition? Que Chimène de Gormas demanda Rodrigue en mariage, quoiqu'il eût tué son père ; parce que *son bien allait toujours croissant*. Rodrigue lui-même préféra Chimène à l'infante, parce qu'elle était plus riche, et qu'il *aima mieux le bien que l'honneur*. Voilà qui se conçoit à merveille, mais voilà aussi qui n'est guère admirable. Les poètes qui ont si heureusement transformé le caractère de Rodrigue, auraient bien pu faire quelque chose pour Chimène. Mais n'oublions pas que les poètes dont nous parlons ici ont voulu faire et ont fait une tragi-comédie. Il fallait donc bien que le caractère de Chimène fût conçu de manière à permettre dans le drame l'introduction de l'élément comique.

> Quoiqu'un peuple l'adore, et qu'un roi le caresse,
> Qu'il soit environné des plus vaillans guerriers,
> J'irai sous mes cyprès accabler ses lauriers.

Ceci est de la violence toute pure. Mais cette violence est-elle sincère? Il est permis d'en douter. Chimène ne répond pas du tout au discours de l'infante; elle s'enferme obstinément dans son point de vue étroit et passionné. Et remarquons la bizarrerie de la position qu'elle se donne. Elle aime Rodrigue ; elle en convient ; elle ne veut pas le priver de son amour. Et, d'un autre côté, elle ne veut pas renoncer à le poursuivre. En vérité, il commence à devenir évident que Chimène joue la comédie, et qu'elle se moque de son interlocutrice. Elle a beau dire et affirmer qu'elle veut accabler son amant; il n'en est rien probablement, et elle en convient elle-même, lorsqu'elle est de bonne foi. Ce qu'il y a de plus clair, c'est qu'elle ne veut pas rompre avec lui. Toutes les propositions qui tendraient à la séparer de Rodrigue, elle les repousse. Elle préfère dire qu'elle veut le perdre, que de consentir à le céder, à le céder même à son pays ; car l'infante, quoiqu'éprise de Rodrigue, n'a nullement parlé en son nom. Que conclure de là ? C'est que la pensée secrète de Chimène se trahit et se manifeste aux yeux les moins clairvoyants. Tous ces grands airs de furie vengeresse qu'elle se donne, peuvent bien passer pour une grimace, pour une pure affectation ; et les médisans peuvent céder à la tentation de dire que, tout en déclamant contre Rodrigue, et tout en demandant sa tête à haute voix, Chimène n'attend qu'une circonstance favorable pour s'en assurer la possession.

> C'est générosité, quand, pour venger un père,
> Notre devoir attaque une tête si chère :
> Mais c'en est une encor d'un plus illustre rang,

La générosité n'a pas de rang. Il fallait dire : *c'est une générosité plus grande encore* ; mais la pensée de l'infante est probablement celle-ci : *c'est une générosité qui convient encore mieux à une personne d'un rang illustre.*

> Quand on donne au public les intérêts du sang.

On ne *donne* pas des intérêts, on les *sacrifie*.

> Non, crois-moi, c'est assez que d'éteindre ta flamme,
> Il sera trop puni s'il n'est plus dans ton ame.

Sans doute Rodrigue serait puni, et bien puni, s'il n'était plus dans l'ame de Chimène ; mais il paraît que, dans ce cas-là, Chimène ne serait pas moins punie que lui, et voilà pourquoi elle résiste à l'invitation de l'infante. On conçoit d'ailleurs que celle-ci insiste sur ce genre de punition : outre que le bon sens semble exiger qu'on l'inflige à Rodrigue, l'intérêt de l'infante parle ici comme le bon sens.

> Que le bien du pays t'impose cette loi :

L'infante perd évidemment son temps à parler du *bien du pays*. Chimène est insensible à cette considération. Lorsque Chimène a parlé elle-même du *bien de tout l'état*, c'était une pure feinte, une véritable dissimulation.

> Aussi bien, que crois-tu que t'accorde le roi ?

Après avoir démontré à Chimène l'injustice de sa poursuite contre Rodrigue, l'infante se trouve très-naturellement conduite à lui représenter que le roi ne lui sera point favorable. La victoire de Rodrigue a rendu celui-ci trop précieux et trop cher à Don Fernand, pour que le roi le sacrifie à Chimène.

> Il peut me refuser, mais je ne puis me taire;

Il y a plus. Chimène pourrait bien se trouver disposée à élever la voix d'autant plus haut que le roi serait moins disposé à l'écouter. Il y aurait là un raffinement de politique assez remarquable et assez naturel. En poursuivant son amant avec acharnement, elle satisferait à l'opinion publique, elle se donnerait les airs d'une très-honnête fille qui veut sérieusement venger son père; et sa poursuite devant rester infructueuse, elle se ménagerait le moyen d'épouser Rodrigue, sous le premier prétexte plausible qui se présenterait.

> Après mon père mort, je n'ai point à choisir.

Sa résolution est inébranlable, comme on le voit, et d'autant plus inébranlable qu'elle est, pour ainsi dire, toute factice. Les arguments de Dona Urraque ne l'ont point convaincue. Quoique l'infante ait parlé dans l'intérêt de sa propre passion, cependant la cause qu'elle a soutenue se trouvait d'accord avec le sens commun ; toutes les raisons qu'elle a alléguées étaient excellentes. Mais, de deux choses l'une : ou Chimène joue au plus fin, elle poursuit un but qu'elle dissimule à l'infante ; ou bien elle est sous l'influence d'une préoccupation qui trouble son jugement et qui lui défend de se rendre. La victoire de Rodrigue a redoublé son amour pour lui ; c'est évident : elle adore Rodrigue plus que jamais ; mais elle craint de céder ou de paraître céder à ce sentiment ; elle se jette donc volontairement dans l'excès opposé ; elle s'attache ou feint de s'attacher d'autant plus vivement à l'idée de sa vengeance qu'elle sent, d'un côté, que cette vengeance devient plus difficile, et que, d'un autre côté, chose plus grave, elle en a elle-même perdu tout le désir, si tant est qu'elle l'ait jamais eu. Quoi qu'il en soit, le rôle de Chimène est au moins indécis. Si sa conduite n'est pas feinte, elle est équivoque. Il est difficile de démêler quel est le véritable motif qui la fait agir. Chimène agit-elle sérieusement ? Chimène joue-t-elle la comédie ? Telle est la question, et nous inclinons à la résoudre par la seconde alternative.

SCENE III. Don SANCHE, Don FERNAND, Don DIÈGUE, Don RODRIGUE, Don ARIAS.

Le théâtre représente le palais du roi. C'est là que se passent les trois dernières scènes de ce quatrième acte.

Toujours la scène vide et nulle liaison ; c'était encore un des défauts du siècle. Cette négligence rend la tragédie bien plus facile à faire, mais bien plus défectueuse *(Voltaire).* A proprement parler, la scène ne reste pas vide ; elle se déplace, voilà le fait ; et il est certain que, dans le *Cid*, la scène se déplace un peu trop souvent. Il paraîtrait convenable que la scène ne se déplaçât, en général, que d'un acte à l'autre, et que toutes les scènes d'un même acte se passassent dans le même lieu. Ce serait là le moyen d'obtenir une vraisemblance et une régularité satisfaisantes.

> Race de tant d'aïeux en valeur signalés,

Race est mis ici pour *rejeton*,

> Le moyen ni l'espoir de s'acquitter vers toi.

Il fallait dire *envers toi*.

> Ils t'ont nommé tous deux leur Cid en ma présence :

Corneille, en se bornant à employer aussi heureusement qu'il le fait ici ce vers imité de Guilhem de Castro, au lieu d'introduire, comme lui, sur la scène trois rois Maures, uniquement pour donner à Rodrigue ce nom de *Cid* en présence du roi de Castille, prouve en cela sa supériorité sur le poète Espagnol. Que font, en effet, dans la pièce de Guilhem de Castro, ces trois inutiles personnages ? Rien autre chose que de former un vain spectacle *(Voltaire)*. Où Voltaire a-t-il vu que Guilhem de Castro ait introduit sur la scène trois rois Maures uniquement pour donner à Rodrigue le nom de *Cid* en présence du roi ? Dans la pièce Espagnole, il n'est nullement question de deux rois ni de trois rois Maures. Il est question de quatre rois que Rodrigue a vaincus dans les montagnes d'Oca. Mais de ces quatre rois, il n'y en a qu'un seul qui paraisse sur la scène : c'est *Almanzor*. On le voit une première fois pendant la bataille, et une seconde fois à la cour de Castille où il se présente tant en son nom que comme ambassadeur de ses trois alliés. C'est là qu'il rend hommage à Rodrigue, et qu'il le nomme son *Cid*, c'est-à-dire son *seigneur* ou son *suzerain*. Voltaire ne connaissait pas la pièce de Guilhem de Castro ; on s'en aperçoit chaque fois qu'il en parle. Cela ne l'empêche pas d'en parler assez souvent, et avec autant d'assurance que s'il l'eût sue par cœur.

> Que votre majesté, sire, épargne ma honte ;

Le mot de *honte* n'est pas le mot propre *(Voltaire)*. Et, en effet, il fallait dire : *que votre majesté épargne ma pudeur*, ou *que votre majesté m'épargne la honte.*

> Je sais trop que je dois au bien de votre empire
> Et le sang qui m'anime et l'air que je respire ;

Je dois a une double signification ; il veut dire : *je suis redevable de* ; il signifie aussi : *je dois sacrifier à*. C'est dans ce dernier sens que le mot est employé dans le premier vers, et cela s'accorde bien avec *le sang qui m'anime*, mais cela ne s'accorde plus aussi bien avec *l'air que je respire*. Rodrigue ne peut pas sacrifier au roi l'air qu'il respire, et que tout le monde respire comme lui ; il ne peut lui sacrifier que sa vie, et c'est là ce qu'il fallait dire.

> Et lorsque la valeur ne va point dans l'excès,

Et lorsque la valeur n'est point excessive, c'est-à-dire, *n'est point extrêmement grande.*

> Me montrant à la cour, je hasardais ma tête ;

Voici une nouvelle trace de l'anachronisme que nous avons déjà reproché à Corneille. Evidemment Rodrigue prend la cour de Don Fernand pour la cour de Louis XIII.

> J'excuse ta chaleur à venger ton offense,
> Et l'état défendu me parle en ta défense.

Le poète se décharge, comme on le voit, du soin

de faire assembler le conseil pour y juger Rodrigue, et pour examiner s'il y a lieu à lui infliger une punition. Il suppose que la victoire de Rodrigue le met à l'abri du châtiment qu'il pourrait avoir mérité. Nous croyons que Rodrigue était innocent, même avant sa victoire, et qu'il n'avait blessé aucune loi positive de son temps, en se battant contre le comte.

> Crois que dorénavant Chimène a beau parler,
> Je ne l'écoute plus que pour la consoler.

Le roi se trompe; il promet plus qu'il ne peut tenir, et il ne tardera pas à se donner un démenti. Il écoutera Chimène pour autre chose que pour la consoler : il lui permettra de mettre Rodrigue aux prises avec Don Sanche, et de compromettre la vie d'un homme devenu si nécessaire à l'état.

> Nous partîmes cinq cents; mais, par un prompt renfort,
> Nous nous vîmes trois mille en arrivant au port.

L'Académie n'a point repris cet endroit qui consiste à substituer l'aoriste au simple passé. *Je vis, je fis, j'allai, je partis*, ne peut se dire d'une chose faite le jour où l'on parle. Plût à Dieu que cette licence fût permise en poésie; car *nous nous sommes vus cinq cents, nous sommes partis*, est bien languissant ; on eut pu dire:

> *Nous n'étions que cinq cents; mais, par un prompt renfort,*
> *Nous nous voyons trois mille en arrivant au port (Voltaire).*

Voltaire ne se rappelait donc pas que nos meilleurs poètes avaient consacré cette licence. Dans le récit de la mort d'Hippolyte, Racine fait dire à Théramène, en parlant de ce qu'il vient de voir à l'instant même :

> *Le flot qui l'apporta recule épouvanté (Palissot).*

L'observation de Palissot nous paraît fondée ; elle suffirait pour justifier Corneille ; mais il y a une raison tout aussi bonne à alléguer, en faveur du passage dont il s'agit. C'est que les faits dont parle Rodrigue ont eu lieu la veille, dans la soirée, et par conséquent Rodrigue peut très-bien employer l'aoriste, ou, comme on dit en français, le prétérit défini. On conçoit dès-lors la raison pour laquelle l'Académie n'a point repris cet endroit. D'après sa propre théorie, il s'était passé une nuit entre deux.

J'en cache les deux tiers, aussitôt qu'arrivés,

Cette façon de parler n'est pas française. Il fallait dire, *aussitôt qu'ils furent arrivés*, ou *ils furent cachés aussitôt qu'arrivés* (Académie). Aussitôt qu'arrivés est bien plus fort, plus énergique, plus beau en poésie, que cette expression aussi languissante que régulière, *aussitôt qu'ils furent arrivés (Voltaire)*. Nous croyons que Voltaire a raison.

Se couche contre terre ; et, sans faire aucun bruit,
Passe une bonne part d'une si belle nuit.

Puisqu'il a fallu passer une bonne partie de la nuit à attendre les Maures, le péril n'était pas si pressant que Don Diègue l'a fait. Ce passage ne s'accorde pas assez bien avec ce que nous trouvons à la fin du 3e. acte :

Les Maures vont descendre ; et le flux et la nuit
Dans une heure à nos murs les amènent sans bruit.

O combien d'actions, combien d'exploits célèbres
Sont demeurés sans gloire au milieu des ténèbres,
Où chacun, seul témoin des grands coups qu'il donnait,
Ne pouvait discerner où le sort inclinait!

O combien de héros indignement périrent !
Renel et Pardaillan chez les morts descendirent,

Et vous brave Guerchy, vous sage Lavardin,
Digne de plus de vie, et d'un autre destin.
(Voltaire, la Henriade, chant 2e.)

Ce simple rapprochement fait voir que le mouvement employé ici par Rodrigue appartient plutôt à la poésie épique qu'à la poésie dramatique. Mais il est juste de remarquer que le récit d'une bataille, quoique faisant partie d'une tragédie, n'en est pas moins un morceau essentiellement épique.

Et ne l'ai pu savoir jusques au point du jour.
Et je n'ai pu savoir où le sort inclinait, de quel côté penchait la victoire.

Nous laissent pour adieux des cris épouvantables,

On ne dit point *laisser un adieu*, ni *laisser des cris*, mais bien *dire adieu*, et *jeter des cris;* outre que les vaincus ne disent jamais adieu aux vainqueurs *(Académie).* Malgré la critique de l'Académie, ce vers nous paraît irréprochable *(Palissot).* Nous sommes de l'avis de Palissot, et nous en dirons la raison. Ce vers est effectivement très-bon et très-beau. Il nous présente un tableau que l'Académie a grand tort de blâmer. Sans doute les vaincus ne disent pas adieu aux vainqueurs; mais les *adieux* désignent ici, comme ils le font souvent, une manière de se séparer, et Corneille veut faire entendre de quelle manière s'est faite la séparation des deux armées. Les Maures vaincus par suite d'un stratagème, les Maures qui ont été surpris, alors qu'ils croyaient surprendre, ont dû éprouver une grande indignation. Ils ne se sont point retirés sans lancer contre les chrétiens d'horribles menaces et d'injurieuses imprécations. Voilà ce que Corneille a voulu dire, et voilà ce qui est très-juste et d'un fort bel effet. L'expression n'est pas moins régulière que la pensée. On ne dit pas *laisser un adieu*, c'est vrai; mais on dit fort bien, *laisser pour adieu, comme adieu, à titre d'adieu*, et telle est aussi l'expression dont Corneille s'est servi. De plus, quand on ne laisse pour adieux que des cris et des menaces, le narrateur est bien obligé de le dire. Pour critiquer le vers de Corneille, il a donc fallu que l'Académie commençât par le défigurer.

> Le flux les apporta, le reflux les remporte,

Elvire a dit un peu plus haut :

> *Trois heures de combat laissent à nos guerriers*
> *Une victoire entière, et deux rois prisonniers ;*

Pour concilier un combat de trois heures avec l'arrivée et le départ des Maures, on peut supposer que les Maures sont arrivés une heure et demie avant la fin du flux, et qu'ils sont partis une heure et demie après le commencement du reflux. On sait que le flux et le reflux durent chacun un peu plus de six heures.

> Et quelque peu des leurs tout percés de nos coups,

Il aurait mieux valu dire : *et quelques-uns des leurs*.

> Je vous les envoyai tous deux en même temps,
> Et le combat cessa faute de combattants.

C'est ici qu'il faudrait peut-être, suivant l'observation de Voltaire, et suivant la doctrine de l'Académie, *je vous les ai envoyés, le combat a cessé*, puisque cela s'est fait le matin même du jour où parle Rodrigue. Mais il faut bien passer quelque chose aux poètes. D'ailleurs il nous semble que *je vous les envoyai* s'accorde mieux avec *je me nomme, ils se rendent* qui précède immédiatement.

> Sire, Chimène vient vous demander justice

L'arrivée de Chimène fait un coup de théâtre. Chimène, d'après la résolution que nous l'avons vue prendre, vient poursuivre Rodrigue. Mais on sent qu'elle arrive dans un moment peu opportun. La faveur de Rodrigue auprès du roi est à son plus haut point. Comment Chimène s'y prendra-t-elle pour obtenir quelque mesure violente contre son amant ?

La fâcheuse nouvelle, et l'importun devoir !

Ce que le roi regarde comme un devoir importun, ce n'est pas de rendre justice à Chimène; il est bien décidé à n'en rien faire, et ce qu'il fera sous ce rapport, il ne le fera que malgré lui. Ce qui lui arrache cette exclamation, c'est seulement l'obligation de recevoir Chimène et d'écouter ses doléances.

Dès ce moment Rodrigue ne peut plus être puni; toutes les poursuites de Chimène paraissent surabondantes. Elle est donc si loin de manquer aux bienséances, comme on le lui a reproché, qu'au contraire elle va au-delà de son devoir, en demandant la mort d'un homme devenu si nécessaire à l'état *(Voltaire)*. Il y a long-temps que Rodrigue est à l'abri de toute punition, puisque, nous l'avons dit et répété souvent, il n'en a jamais mérité aucune. Les poursuites de Chimène sont donc surabondantes, ou, pour mieux dire, elles sont parfaitement déplacées. Nous croyons que Voltaire se trompe en affirmant que Chimène va au-delà de son devoir. Chimène a toujours été, elle se trouve encore bien en deçà de son devoir. Si nous ne nous sommes pas trompés dans l'appréciation que nous avons faite de son caractère et de sa conduite, il s'ensuit que Chimène marche constamment à côté de son devoir. Elle va fort loin dans cette fausse voie; c'est ce qu'il est impossible de nier; mais on sent bien que plus elle avancera dans cette direction, plus elle s'éloignera du but qu'elle semble vouloir atteindre. Il ne faut donc pas craindre qu'elle le dépasse. Voltaire paraît supposer que Chimène agit sérieusement en demandant la tête de Rodrigue, et il lui tient compte de cette demande comme d'une soumission respectueuse et qui plus est exagérée à ce que les bienséances exigent d'elle. Nous ne partageons pas l'opinion de Voltaire; et, tout en admirant le rôle de Chimène, au point de vue de l'art et de la poésie, nous ne pouvons pas avoir la même indulgence pour son caractère moral. La poursuite de Chimène contre Rodrigue n'est point sincère ; elle ne l'a jamais été, elle ne le sera jamais. La poursuite de Chimène ne devient si ostensible, si opiniâtre et si exorbitante que pour masquer de plus en plus la négligence, hélas ! trop réelle, dont Chimène se rend coupable, à l'endroit de son véritable devoir. Nous n'avons pas voulu nous laisser éblouir avec Voltaire par la situation du second acte. Il y avait là un germe qui devait se développer plus tard, et nous avons cru devoir le signaler dès sa première apparition. Nous n'avons pas hésité à dire qu'en venant se jeter aux pieds du roi, pour y demander vengeance contre Rodrigue, Chimène prenait une fausse direction. Nous pensions bien que cette première aberration la mènerait plus loin ; mais nous pensions aussi qu'il y avait là probablement quelque intention de la part du poète. Voilà ce qui commence à devenir sensible. Et, en effet, le *Cid* n'est point une *tragédie* proprement dite, c'est une *tragicomédie*. Puisqu'on nous a promis la comédie, il faut bien que quelqu'un nous la donne. Qui nous donnera la comédie, si ce n'est Chimène ? Et comment Chimène pourrait-elle nous donner la comédie, si elle ne se jetait pas dans quelque situation comique, c'est-à-dire si elle ne s'écartait pas de son devoir, si elle ne se livrait pas à quelque dissimulation qui pût la mener, en définitive, à l'exagération, à la contradiction, et au mensonge. Voilà précisément où nous en sommes. Telle est la transformation qui s'opère au quatrième acte, et dont nous allons recueillir les indices les plus certains. L'observation de Voltaire nous fournit donc une nouvelle preuve de ce que nous avons avancé en disant que l'illustre critique n'avait pas très-bien compris le *Cid*, et qu'il s'était complètement mépris sur le caractère et la valeur du quatrième acte.

Va, je ne la veux pas obliger à te voir.
Pour tous remerciemens il faut que je te chasse.

Le roi va faire croire à Chimène que Rodrigue est mort. Pour cela, il faut que Rodrigue soit absent, et voilà pourquoi le roi se hâte de le congédier.

Mais avant que sortir, viens, que ton roi t'embrasse.

Corneille aurait dû dire, *avant que de sortir*. Nous dirions aujourd'hui : *mais avant de sortir*, ce qui concilierait la correction et la mesure.

Chimène le poursuit, et voudrait le sauver.

Ce vers est excellent, et mérite d'être remarqué. Il rentre parfaitement dans le rôle que nous avons assigné à Don Diègue, depuis la fin du 3e. acte. C'est lui maintenant qui va pousser au mariage de Chimène avec son fils, et c'est évidemment dans cette intention qu'il commence par dévoiler au roi les véritables sentiments de Chimène pour Rodrigue.

On m'a dit qu'elle l'aime, et je vais l'éprouver.

Qui a dit au roi que Chimène aimait Rodrigue ? On peut supposer que c'est l'infante. Nous savons d'ailleurs que la passion de Chimène est assez connue pour que tout le monde en parle à la cour.

> Enfin, soyez contente,
> Chimène, le succès répond à votre attente.
> Si de nos ennemis Rodrigue a le dessus,
> Il est mort à nos yeux des coups qu'il a reçus ;
> Rendez grâces au ciel qui vous en a vengée.

Cette petite ruse du roi est prise de l'auteur espagnol : l'Académie ne la condamne pas. C'est apparemment le titre de *tragi-comédie* qui la disposait à cette indulgence ; car ce moyen paraît aujourd'hui peu digne de la noblesse tragique (*Voltaire*). C'est effectivement le titre de *tragi-comédie* qui a motivé, et qui a dû motiver l'indulgence de l'*Académie*. Voltaire lui-même nous a fait observer que le *Cid* fut donné d'abord sous le nom de tragi-comédie. Si le Cid a été d'abord une tragi-comédie, nous ne voyons pas trop pourquoi il a perdu ce titre. Les changements que la pièce a subis ne sont pas assez graves pour avoir altéré son caractère essentiel. Si quelque chose doit faire conserver au *Cid* le nom de *tragi-comédie*, c'est principalement la dernière scène du 4e. acte, c'est-à-dire la scène que nous allons analyser. Nous sommes ici en pleine comédie. Il ne faut donc pas s'étonner de voir le poète employer des moyens comiques, précisément au moment où le caractère de son drame se transforme, au moment où l'élément comique de son sujet prend le dessus sur les éléments tragiques par lesquels il a débuté. Voltaire a raison de dire que cette petite ruse est prise de l'auteur espagnol. Il y a pourtant, entre Guilhem de Castro et son imitateur, une petite différence qui nous paraît à l'avantage du premier. Dans Guilhem de Castro, ce n'est pas le roi, c'est Don Arias qui a la première idée de cette supercherie, et qui l'exécute avec la permission du roi. Il nous semble qu'il n'est pas malséant de laisser aux personnages inférieurs l'invention et l'emploi des moyens comiques et par conséquent peu élevés.

> Voyez comme déjà sa couleur est changée.

Ici on ne peut pas se tromper sur la nature du changement. Il est évident que Chimène pâlit, et qu'elle tombe en défaillance.

> Mais voyez qu'elle pâme, et d'un amour parfait,
> Dans cette pâmoison, sire, admirez l'effet.

On ne dit pas *pâmer*, *évanouir*, on dit *se pâmer*, *s'évanouir* (*Voltaire*).

> Sa douleur a trahi les secrets de son âme,
> Et ne vous permet plus de douter de sa flamme.

Don Diègue attache, comme on le voit, une grande importance à constater que Chimène aime Rodrigue. Quel fruit espère-t-il en retirer ? C'est ce que nous examinerons plus tard.

> Quoi ! Rodrigue est donc mort ?

Ici on pourrait croire que le poète français est resté au-dessous de l'auteur espagnol. Dans Guilhem de Castro, Chimène s'écrie, en apprenant la mort de Rodrigue : *Rodrigue est mort ! il est mort, Rodrigue ! je n'en puis plus ! Jésus ! Jésus ! mille fois !* Ces exclamations sont plus vives, plus douloureuses, et montrent un plus grand trouble, que cette simple exclamation de surprise : *quoi ! Rodrigue est donc mort ?* Cette différence tient à la manière dont Corneille a conçu et développé le rôle de Chimène. Son héroïne a plus d'empire sur elle-même que celle de Castro. Elle est plus profondément et plus habilement dissimulée. Il nous semble que dans la pièce française, Chimène doit laisser éclater sa douleur par son trouble physique, par sa pâleur, par sa pâmoison, par ce langage naturel, en un mot, dont les caractères éminents sont la spontanéité et la fatalité ; tandis que sa voix, ou son langage artificiel, comme étant un produit plus libre de la réflexion et de la volonté, doit exprimer plus particulièrement la surprise et l'étonnement. Cette manière de concevoir et de rendre l'exclamation : *Quoi ! Rodrigue est donc mort ?* a, ce nous semble, l'avantage de laisser le champ plus libre à la double interprétation que Chimène va donner à son émotion physique, à sa pâmoison.

> Sire, on pâme de joie ainsi que de tristesse,
> Un excès de plaisir nous rend tout languissants ;
> Et, quand il surprend l'ame, il accable les sens.

Cette défaite de Chimène est comique, et fait rire *(Voltaire).* Il est certain que la situation de Chimène tourne au comique, c'est-à-dire au ridicule, et cela, par la raison que nous en avons donnée plus haut, parce qu'elle exagère, parce qu'elle dissimule, parce qu'elle ment, parce que sa colère est toute factice, et qu'elle va dégénérer en violence.

> Tu veux qu'en ta faveur nous croyions l'impossible ;
> Chimène, ta douleur a paru trop visible.

Ta douleur a été trop visible, ou bien encore *a paru trop visiblement.* Don Fernand est un homme qui connaît son monde. Il ne s'en rapporte pas aux paroles que prononce la bouche, mais aux signes naturels qui trahissent si souvent, malgré nous, le véritable caractère de nos émotions.

> Hé bien, Sire, ajoutez ce comble à mon malheur,
> Nommez ma pâmoison l'effet de ma douleur,

> Un juste déplaisir à ce point m'a réduite :
> Son trépas dérobait sa tête à ma poursuite.

Ceci est encore plus comique que ce qui précède. Tout-à-l'heure nous avions un mensonge pour nous faire rire, comme dit Voltaire. Maintenant c'est une contradiction qui vient exciter notre gaieté ; et certes si le mensonge est quelquefois ridicule, comme il l'est ici, on peut dire que la contradiction l'est toujours. Chimène a dit d'abord que c'était le plaisir qui l'avait fait se pâmer : le plaisir d'apprendre la mort de Rodrigue. Maintenant elle convient que c'est la douleur ; mais quelle douleur ? le chagrin de voir que la mort de Rodrigue soustrait sa tête à sa vengeance. Il est évident que Chimène ne sait plus où elle en est ; elle perd la tête, et il faut convenir qu'il y a de quoi la perdre. La position de Chimène devient extrêmement critique. Sa situation est de plus en plus embarrassante. Elle aime Rodrigue éperdument ; elle l'aime plus que jamais. Ses sentiments ne sont plus un secret pour personne. Elle essaie de surmonter la violence de sa passion, et, tout au moins, de la dissimuler. Elle veut faire de la vengeance à tout prix, alors même que la vengeance n'est plus de saison. Il est évident qu'elle va faire des sottises ; nous pouvons nous y attendre. Mais ce qu'il y a d'intéressant et de curieux pour le spectateur, ce qu'il y a de fort adroit et de fort ingénieux, de la part du poète, c'est que les sottises de Chimène vont pousser au dénouement, ou du moins elles vont faire avancer le drame.

> S'il meurt des coups reçus pour le bien du pays,
> Ma vengeance est perdue, et mes desseins trahis ;
> *Chère Cléone, cours : ma vengeance est perdue*
> *S'il ignore en mourant que c'est moi qui le tue.*
>
> (*Racine, Andromaque*).

> Je demande sa mort, mais non pas glorieuse,
> Non pas dans un éclat qui l'élève si haut,
> Non pas au lit d'honneur, mais sur un échafaud.

L'exagération de cette demande en trahit le peu de sincérité. Chimène s'efforce pour paraître très-irritée; elle dépasse le but qu'elle veut atteindre. Il y a bien un peu de ridicule dans cet emportement; mais ce n'est là que de la comédie ordinaire; voici quelque chose de plus délicat et de plus fin.

> J'aime donc sa victoire, et je le puis sans crime;
> Elle assure l'état, et me rend ma victime,
> Mais noble, mais fameuse entre tous les guerriers,
> Le chef, au lieu de fleurs, couronné de lauriers,
> Et, pour dire en un mot ce que j'en considère,
> Digne d'être immolée aux mânes de mon père.

Il y a, dans ce passage, un éloge indirect de Rodrigue, et cet éloge n'est ni sans valeur ni sans portée, dans la bouche de Chimène. Ceci est bien digne de la femme qui disait tout-à-l'heure à Dona Urraque :

> *Il a sauvé la ville, il a servi son roi,*
> *Et son bras valeureux n'est funeste qu'à moi.*

Ainsi la vérité se fait jour au sein de l'exaltation la plus artificielle. Chimène trouve le moyen de relever son amant et de vanter sa bravoure, au moment même où elle feint d'en vouloir à sa vie. L'admiration qu'elle éprouve pour Rodrigue est tellement forte qu'elle n'en est plus maîtresse, et cette admiration se trahit au milieu de ses emportements contre lui. Au reste ce passage nous paraît avoir un double mérite. Outre qu'il est très-remarquable en lui-même, il est peut-être plus remarquable encore comme préparation, comme acheminement au passage qui suit.

> Hélas! à quel espoir me laissé-je emporter!
> Rodrigue de ma part n'a rien à redouter.
> Que pourraient contre lui des larmes qu'on méprise ?
> Pour lui tout votre empire est un lieu de franchise ;
> Là, sous votre pouvoir, tout lui devient permis ;
> Il triomphe de moi, comme des ennemis ;

Il y a là, ce nous semble, une profondeur et une vérité d'observation singulièrement remarquables. Chimène a l'air de se plaindre de l'impuissance de ses réclamations et de la stérilité de ses démarches. Elle représente comme le résultat d'une injustice criante, ce qu'elle désire le plus vivement, l'impunité de Rodrigue. Elle ne s'aperçoit pas elle-même qu'elle découvre le fond de son cœur, et qu'elle laisse deviner son sentiment le plus profond et son vœu le plus cher, l'espoir de ne pas obtenir ce qu'elle paraît demander. En reprochant au roi de ne pas l'écouter, en lui disant que la Castille entière est un lieu d'asile et de franchise pour Rodrigue, elle lui suggère elle-même l'idée de la réponse qu'il pourra lui faire, elle lui souffle, pour ainsi dire, la fin de non-recevoir par laquelle il pourra accueillir sa demande. Il est impossible de tracer une peinture plus vive et plus fidèle, un tableau plus saisissant et plus vrai de la contradiction à laquelle Chimène est en proie, et de la lutte qui règne chez elle entre une passion indomptable qui perce à travers tous les déguisements, et une volonté exaltée qui, malgré toute son énergie, se livre à de vains efforts pour dissimuler ce qui est au-dessus de toute dissimulation.

> Ma fille, ces transports ont trop de violence.

Don Fernand a mille fois raison. C'est de la violence toute pure; c'est de l'exagération faite à plaisir. C'est une colère toute factice, et cependant cette exagération part d'un sentiment très-naturel, de la honte qu'éprouve Chimène en voyant que sa passion a éclaté malgré elle, aux yeux de toute la cour. Elle s'efforce donc de soutenir les droits de sa vengeance, comme pour se faire illusion, et pour faire illusion aux autres sur la violence de sa passion.

On a tué ton père; il était l'agresseur.

Le roi n'insiste pas sur les torts du comte de Gormas. Par ménagement pour Chimène, il ne doit pas insister. Un mot suffisait; mais ce mot est prononcé. *Il était l'agresseur.* Rodrigue est donc justifié.

Et la même équité m'ordonne la douceur.
Et l'équité même.

Avant que d'accuser ce que j'en fais paraître,
Consulte bien ton cœur; Rodrigue en est le maître;
Et ta flamme, en secret, rend grâces à ton roi,
Dont la faveur conserve un tel amant pour toi.

Don Fernand lit parfaitement dans l'ame de Chimène. Non seulement il voit qu'elle aime Rodrigue, mais il aperçoit très-bien tout ce qu'il y a d'artificiel et de forcé dans sa poursuite. Cette découverte, loin d'adoucir Chimène, va l'aigrir encore plus. Elle est indignée de se sentir si peu maîtresse d'elle-même, et son indignation va la précipiter aux dernières extrémités. On ne peut pas nier que tout cela ne soit admirablement combiné par le poëte, et que cela ne forme un drame plein de vie et de vérité, une charmante comédie.

Pour moi, mon ennemi! l'objet de ma colère!
L'auteur de mes malheurs! l'assassin de mon père!

L'assassin de son père! celui qu'elle a appelé elle-même *un homme de bien ; l'objet de sa colère !* celui auquel elle a dit : *Va, je ne te hais point. Je ne puis te haïr.* L'exagération volontaire se trahit à chaque instant. Chaque phrase de Chimène nous révèle la violence qu'elle se fait pour paraître irritée contre Rodrigue.

Chimène a tort d'appeler Rodrigue *assassin* ; il ne l'est pas : elle l'a appelé elle-même *brave homme, homme de bien (Voltaire).* Sans doute Chimène a tort d'appeler Rodrigue *assassin ;* mais d'abord Chimène a eu tort de poursuivre Rodrigue. Ce premier tort en a produit une foule d'autres, et c'est cette liaison entre le premier et les derniers torts de Chimène, que Voltaire nous paraît avoir méconnue.

> De ma juste poursuite on fait si peu de cas,
> Qu'on me croit obliger en ne m'écoutant pas !

On a bien raison de dire qu'il n'y a que la vérité qui blesse. Chimène s'indigne, ou paraît s'indigner d'une chose dont elle connaît très-bien l'exactitude. N'a-t-elle pas dit elle-même, au 3ᵉ acte, qu'elle désirait que sa poursuite n'eût aucun succès.

> Puisque vous refusez la justice à mes larmes,
> Sire, permettez-moi de recourir aux armes :
> C'est par là seulement qu'il a su m'outrager,
> Et c'est aussi par là que je me dois venger.

A la bonne heure ! nous voilà en plein onzième siècle. Chimène demande le combat singulier. Où sont donc les lois contre le duel ? Et que deviennent toutes ces déclamations sur le combat de Rodrigue et de Don Gomès ? Il y a évidemment une contradiction manifeste à demander un combat singulier, et à vouloir qu'on punisse Rodrigue pour s'être battu en combat singulier. Corneille a donc allié ensemble et fort mal à propos les mœurs de son siècle et celles du siècle de Chimène.

> A tous vos cavaliers je demande sa tête;
> Oui, qu'un d'eux me l'apporte, et je suis sa conquête;
> Qu'ils le combattent, Sire, et, le combat fini,
> J'épouse le vainqueur, si Rodrigue est puni.
> Sous votre autorité souffrez qu'on le publie.

Voilà donc, encore une fois, comment la victoire de Rodrigue a ralenti la poursuite de Chimène. Elle l'a redoublée, au contraire, par un mouvement aussi naturel qu'impétueux. Chimène veut qu'on combatte Rodrigue. Elle promet sa main à celui qui lui apportera sa tête. La violence ne peut pas aller plus loin. Mais enfin voilà où en est venue Chimène, et c'est ainsi qu'elle prépare elle-même sa confusion. Dès ce moment, elle devient passive; mais elle est prise. Les autres personnages vont profiter de l'avantage qu'elle vient de leur donner sur elle; ils vont la contraindre à lever le masque, et à donner ou du moins à promettre sa main à Rodrigue. En voulant aller trop loin, elle s'est enferrée elle-même; elle va se trouver prise au piège que, dans sa fureur aveugle, elle a tendu, ou qu'elle a fait semblant de tendre à Rodrigue.

> Cette vieille coutume en ces lieux établie,
> Sous couleur de punir un injuste attentat,
> Des meilleurs combattants affaiblit un état....
> J'en dispense Rodrigue; il m'est trop précieux
> Pour l'exposer aux coups d'un sort capricieux;

Le roi s'exprime ici en homme sage et sensé qui apprécie fort bien toute l'absurdité et toute la brutalité du combat singulier, mais qui reconnaît cependant que ce préjugé existe, et qu'il a de profondes racines dans l'ignorance de ses contemporains.

> Quoi, sire! pour lui seul, vous renversez des lois
> Qu'a vu toute la cour observer tant de fois!

> Que croira votre peuple ? et que dira l'envie,
> Si, sous votre défense, il ménage sa vie,

Don Diègue ne se pique pas d'être au-dessus de son siècle. Il croit au combat singulier ; il ne veut pas que son fils profite de la dispense du roi. Tout ce qu'il dit ici est bien dans son rôle et dans son caractère.

> Et s'en fait un prétexte à ne paraître pas
> Où tous les gens d'honneur cherchent un beau trépas ?

Et se fait de votre défense un prétexte pour ne pas paraître là où tous les gens d'honneur cherchent un beau trépas.

> Le comte eut de l'audace, il l'en a su punir ;
> Il l'a fait en brave homme, et le doit maintenir.

Tout cela est digne de Don Diègue. L'intrépide vieillard ne connaît que l'honneur. Pour lui le danger et la mort ne sont rien. Il n'estime la vie qu'autant qu'elle est pure et sans tache.

> Puisque vous le voulez, j'accorde qu'il le fasse.

Le roi s'était donc trop avancé en disant plus haut qu'il n'écouterait plus Chimène. Les mœurs et les usages sont au-dessus de lui, et il se trouve contraint de céder à la véritable loi de cette époque. Voilà donc Rodrigue obligé de se battre en duel, et pourquoi? Parce qu'il s'est déjà battu une fois avec le comte de Gormas. Il y a donc dans toute la pièce un accouplement monstrueux de mœurs hétérogènes, un amalgame bizarre de sentiments et d'idées appartenant à des époques très-différentes.

> Mais d'un guerrier vaincu mille prendraient la place ;
> Et le prix que Chimène au vainqueur a promis
> De tous mes cavaliers ferait ses ennemis.
> L'opposer seul à tous serait trop d'injustice ;
> Il suffit qu'une fois il entre dans la lice.

> Choisis qui tu voudras, Chimène, et choisis bien :
> Mais après ce combat ne demande plus rien.

Ceci est fort ingénieux et fort adroit. Ces détails sont admirablement calculés par le poète. Les observations du roi sont très-justes, ses conclusions sont parfaitement sages, et tout cela prépare le dénouement avec une habileté et une gradation remarquables. Dans ce passage, aussi bien que dans ce qui suit, nous voyons se rétrécir peu-à-peu, autour de Chimène, le cercle dans lequel elle a voulu enfermer Rodrigue, et dans lequel elle va se trouver prise avec lui.

> N'excusez point par là ceux que son bras étonne ;
> Laissez un champ ouvert où n'entrera personne.
> Après ce que Rodrigue a fait voir aujourd'hui,
> Quel courage assez vain s'oserait prendre à lui ?

Après l'honneur, ce qu'il y a de plus cher à Don Diègue, c'est son fils. La tendresse et l'orgueil paternels sont au nombre de ses sentiments les plus profonds et les plus énergiques. Il en donne ici une nouvelle preuve. Il ne doute pas du triomphe de Rodrigue. Il suppose même que personne n'osera se mesurer avec lui. Dans tous les cas, il est complètement rassuré par le courage et la bravoure de son fils. La victoire de Rodrigue lui a inspiré une telle confiance, qu'il n'hésite pas à défier tous les champions qui pourraint épouser la cause de Chimène.

> Faites ouvrir le champ, vous voyez l'assaillant ;
> Je suis ce téméraire, ou plutôt ce vaillant.

Voici Don Sanche qui reparaît fort à propos, et dont l'intervention est aussi piquante que naturelle. On a blâmé ce rôle, et on a eu grand tort. Ce personnage est très-important. Il forme un des éléments constitutifs du drame.

> Sire, je l'ai promis.

En effet, Chimène est liée par la promesse qu'elle a faite à Don Sanche. Il n'y a pas moyen de résister. Le combat aura lieu entre Don Sanche et Don Rodrigue, et, si Don Sanche est vainqueur, Chimène, d'après sa propre déclaration, épousera Don Sanche.

> Pour témoigner à tous qu'à regret je permets
> Un sanglant procédé qui ne me plut jamais,
> De moi ni de ma cour il n'aura la présence.

Ce tour est très-adroit : il donne lieu à la scène dans laquelle Don Sanche apporte son épée à Chimène (*Voltaire*). Et par cela même le poète nous ménage la scène dans laquelle Chimène, croyant que Rodrigue a été tué, laisse éclater toute sa passion pour lui, et toute son aversion pour Don Sanche.

> Ayez soin que tous deux fassent en gens de cœur ;
> Et, le combat fini, m'amenez le vainqueur.
> Quel qu'il soit, même prix est acquis à sa peine ;
> Je le veux de ma main présenter à Chimène,
> Et que, pour récompense, il reçoive sa foi.

Chimène est prise, et par un tour extrêmement adroit. Chimène a fait la moitié du chemin, le roi lui a fait faire l'autre moitié. La voilà placée dans une alternative à laquelle elle ne peut plus échapper ; et tout cela est conduit avec tant d'art qu'on n'ose pas reprocher au roi la moindre violence. C'est Chimène qui s'est enferrée elle-même. Elle a mis tant de violence dans sa poursuite contre Rodrigue, qu'elle en est devenue victime. Elle a promis sa main au meurtrier de Rodrigue. Qu'a fait le roi ? il n'a fait qu'égaler les conditions du combat, et promettre le prix de la victoire aux deux contendants. Il y a là une sorte de justice distributive qui satisfait le spectateur, et, comme on est encore sous le coup de la violence exercée par Chimène, on ne songe pas à reprocher à Don Fernand le moindre excès de pouvoir.

> Quoi, sire ! m'imposer une si dure loi !

Chimène s'aperçoit qu'elle est allée trop loin ; mais il n'y a plus moyen de revenir. Elle a prononcé elle-même sur son sort ; mais ce qu'il y a de vraiment admirable, c'est qu'elle a prononcé sans le savoir et sans le vouloir. Il a suffi d'un mot ajouté par le roi pour l'enfermer dans un cercle infranchissable. Et, en effet, de cette dure loi dont elle se plaint, le roi n'en impose que la moitié. C'est Chimène qui s'est imposée elle-même la première moitié de la loi, en promettant sa main au vainqueur de Rodrigue, et c'est ainsi qu'elle s'est compromise. La violence dont elle a fait preuve excuse et justifie jusqu'à un certain point ce qu'il peut y avoir d'arbitraire dans la déclaration du roi.

> Tu t'en plains ; mais ton feu, loin d'avouer ta plainte,
> Si Rodrigue est vainqueur, l'accepte sans contrainte,
> Cesse de murmurer contre un arrêt si doux.

Ainsi, au dire du roi, c'est Chimène qui s'est imposé elle-même une loi très-dure. L'arrêt du roi est au contraire fort doux. C'est lui qui a adouci ce qu'il y avait de dur et de cruel dans la promesse faite par Chimène. La déclaration de Don Fernand ouvre à Chimène une chance de voir réaliser son vœu secret, son union avec Rodrigue. Nous croyons que le roi montre ici une grande intelligence des véritables sentiments de

Chimène, ou plutôt nous croyons que le poète n'a mis cela dans la bouche du roi, que pour nous faire comprendre ce qui se passe réellement dans l'ame de Chimène, et pour nous expliquer de quelle manière il faut envisager son caractère et son rôle. Nous verrons plus tard que le roi Don Fernand n'est pas le seul personnage auquel le poète fait jouer ainsi le rôle de truchement.

Qui que ce soit des deux, j'en ferai ton époux.

On peut dire que cette manière d'opérer le dénouement, n'est pas très-régulière, qu'elle est un peu forcée. Ce n'est pas là dénouer le nœud, c'est le couper. Mais nous sommes en pleine comédie : voilà ce qui motive et excuse l'emploi des moyens comiques. Toute cette scène est admirable et parfaitement conduite. Tous les détails en sont précieux ; l'ensemble en est très-adroitement et très-heureusement combiné. Elle excite continuellement l'intérêt du spectateur, et prépare très-bien le cinquième acte.

ACTE CINQUIÈME.

SCENE I. Chimène. Don Rodrigue.

La scène représente la maison de Chimène.

> Quoi ! Rodrigue, en plein jour ! d'où te vient cette audace ?
> Va, tu me perds d'honneur ; retire-toi, de grâce.

Les exclamations de Chimène, et l'invitation qu'elle adresse à Rodrigue, prouvent suffisamment que la scène se passe dans sa maison. Ce qui constitue l'audace de Rodrigue, c'est de se présenter chez sa maîtresse, en plein jour.

> Je vais mourir, madame, et vous viens en ce lieu,
> Avant le coup mortel, dire un dernier adieu.

En quel lieu (*Voltaire*)? Dans la maison de Chimène, sans contredit. La chose est parfaitement évidente, et nous ne comprenons pas la question de Voltaire. Il est très-naturel, quand on veut dire adieu aux gens, qu'on aille les trouver chez eux.

> Cet immuable amour qui sous vos lois m'engage
> N'ose accepter ma mort sans vous en faire hommage.

Rodrigue a appris que Chimène avait demandé contre lui le combat singulier, et qu'elle avait choisi Don Sanche pour son champion. Fidèle à son système de ne pas refuser à Chimène la satisfaction qu'elle croit avoir le droit d'exiger, Rodrigue a résolu de ne pas se défendre, et de se laisser tuer par Don Sanche. Cependant il ne veut pas que sa maîtresse ignore la véritable cause de sa défaite et de sa mort. Il se rend donc chez elle pour lui faire part de sa résolution. On comprend maintenant pourquoi il n'hésite pas à venir la trouver, même en plein jour. Un homme qui va mourir n'a pas les mêmes ménagements à garder que celui qui est décidé à conserver sa vie.

> Tu vas mourir !

Chimène a eu le temps de réfléchir, dans l'intervalle du quatrième au cinquième acte. Déjà, à la fin du quatrième acte, elle semblait s'apercevoir qu'elle était allée trop loin. Mais le roi s'est prononcé. Rodrigue se battra contre Don Sanche, et Chimène épousera le vainqueur. La voilà condamnée à épouser ou Rodrigue ou Don Sanche. Cette situation doit occuper sa pensée. Chimène n'en est pas à se repentir d'avoir promis sa main au vainqueur de Rodrigue. Si malheureusement celui-ci venait à avoir le dessous, elle deviendrait la femme de Don Sanche. Cette perspective doit singulièrement l'effrayer. Or, d'après ce que Rodrigue vient lui annoncer, cette fatale probabilité semble devenir une certitude. Voilà ce qui lui arrache cette exclamation de surprise et d'effroi : *Tu vas mourir !*

> Je cours à ces heureux moments
> Qui vont livrer ma vie à vos ressentiments.

On *court* à un *endroit*, on ne *court* pas à un *moment*. La raison de cette différence est facile à saisir. La distance qui nous sépare d'un certain lieu, peut être franchie avec plus ou moins de rapidité, et cette rapidité est jusqu'à un certain point volontaire. Mais la vitesse avec laquelle le temps s'écoule, ne dépend pas de nous.

Rodrigue n'explique pas d'abord pourquoi il va mourir ; mais il affirme qu'il touche à sa dernière heure. Il n'en faut pas davantage pour exciter toute la sollicitude de Chimène. La résolution de Rodrigue amène la plus heureuse et la plus touchante complication. Le caractère des deux amants va se développer, en présence de ce nouvel incident. Le poète nous prépare une scène où nous allons retrouver toute la vigueur et toute la puissance de son génie. Nous allons avoir la suite de cette excellente comédie qui a commencé avec le quatrième acte.

> Tu vas mourir ! Don Sanche est-il si redoutable
> Qu'il donne l'épouvante à ce cœur indomptable ?
> Qui t'a rendu si faible ? ou qui le rend si fort ?
> Rodrigue va combattre et se croit déjà mort !
> Celui qui n'a pas craint les Maures ni mon père
> Va combattre Don Sanche, et déjà désespère !
> Ainsi donc au besoin ton courage s'abat !

Chimène ne sait pas pourquoi Rodrigue va mourir. Elle ne s'explique pas très-bien la nature et la cause de sa résolution. Elle se livre d'abord à une hypothèse erronée qu'elle se hâte de combattre. Dans la supposition tout-à-fait fausse qu'il y a quelque faiblesse ou quelque découragement dans l'ame de Rodrigue, elle entreprend de l'en faire rougir, et par là elle témoigne très-promptement du vif intérêt qu'elle prend à sa conservation.

> Je cours à mon supplice et non pas au combat ;
> Et ma fidèle ardeur sait bien m'ôter l'envie,
> Quand vous cherchez ma mort, de défendre ma vie.
> J'ai toujours même cœur ; mais je n'ai point de bras
> Quand il faut conserver ce qui ne vous plaît pas ;

Rodrigue n'est ni faible ni découragé. Il ne craint pas Don Sanche. Rodrigue est fidèle à son caractère. Il continue à développer sa thèse favorite que sa vie appartient à Chimène, et qu'il est tout disposé à lui en faire le sacrifice, pour se punir de l'avoir offensée. Rodrigue ne veut pas se défendre. Il va livrer sa vie au champion de Chimène.

> Et déjà cette nuit m'aurait été mortelle,
> Si j'eusse combattu pour ma seule querelle,
> Mais, défendant mon roi, son peuple, et mon pays,
> A me défendre mal je les aurais trahis.

On voit par là que Rodrigue n'ignore point quelle est l'importance relative de ses différentes obligations. Ce qu'il croit devoir à Chimène ne lui fait point oublier ce qu'il doit à son pays et à son prince.

> Mon esprit généreux ne hait pas tant la vie
> Qu'il en veuille sortir par une perfidie.

Ceci nous montre encore que Rodrigue est très-peu disposé au suicide, et nous ne pouvons que l'en féliciter. Rodrigue a un cœur noble et généreux. Il sait bien que la vie peut toujours être employée dignement, et qu'avec de la bonne volonté on trouve toujours du bien à faire; mais il croit devoir une expiation à sa maîtresse; il la lui offre; il ne veut pas la lui refuser : c'est un excès d'abnégation personnelle : c'est un véritable dévouement. Ce qu'il fait pour Chimène, il ne le ferait pas pour une autre. Le sacrifice qu'il s'impose, en faveur de la seule femme qu'il puisse aimer, il ne l'accomplirait pas pour un motif frivole.

> Maintenant qu'il s'agit de mon seul intérêt,
> Vous demandez ma mort, j'en accepte l'arrêt;

C'est toujours la même idée, c'est toujours l'intention de se soumettre aux vœux de sa maîtresse, de faire ce qu'elle demande sans objection, sans discussion, d'adorer jusqu'à ses caprices. Rodrigue est l'idéal du dévouement chevaleresque.

> Votre ressentiment choisit la main d'un autre,
> Je ne méritais pas de mourir de la vôtre :

Rodrigue aurait été heureux de mourir de la main de Chimène. Il l'a dit, dès le 3e. acte. Il paraît qu'elle ne l'a pas jugé digne de cette faveur ; n'importe, il ne résistera point à son arrêt ; il subira la mort qu'elle lui destine, de quelque manière qu'il lui plaise de la lui donner.

> On ne me verra point en repousser les coups ;

En se rapporte à *la main d'un autre*.

> Et, ravi de penser que c'est de vous qu'ils viennent,

Ils rappelle *les coups* dont il vient d'être parlé.

> Puisque c'est votre honneur que ses armes soutiennent,

Ses armes signifie *les armes de celui qui combat pour vous*.

> Je vais lui présenter mon estomac ouvert,
> Adorant en sa main la vôtre qui me perd.

C'est dommage que ces sentiments ne soient point du tout naturels. Il paraît assez ridicule de dire qu'il doit du respect à Don Sanche, et qu'il va lui présenter son estomac ouvert. Ces idées sont prises dans ces misérables romans qui n'ont rien de vraisemblable ni dans les aventures, ni dans les sentiments, ni dans les expressions ; tout était hors de la nature dans ces impertinents ouvrages qui gâtèrent si long-temps le goût de la nation. Un héros n'osait ni vivre, ni mourir sans le congé de sa dame (*Voltaire*). L'observation de Voltaire nous paraît un peu sévère, et, si elle était juste, elle aurait dû être faite un peu plus tôt. Les sentiments exprimés ici par Rodrigue ne diffèrent pas, pour le fond, de ceux qu'il a déjà exprimés dans sa première entrevue avec Chimène. Depuis qu'il a tué le comte de Gormas, Rodrigue n'a plus qu'une seule et unique idée, c'est d'offrir une satisfaction à Chimène, et de lui donner sa propre vie en expiation de la mort qu'il a donnée au comte. Chimène a repoussé cette offre ; elle devait le faire ; mais elle n'en a pas moins continué à poursuivre Rodrigue et à demander sa tête. Au moment où les deux amants se voient pour la seconde fois, Chimène vient de mettre Rodrigue aux prises avec Don Sanche, et de l'exposer à la mort par conséquent, puisque Don Sanche a un intérêt positif à se débarrasser de Rodrigue. Celui-ci reste fidèle à son caractère. Il se montre tel qu'il a été dès le principe, *qualis ab inceptû processerit ;* il persiste à donner à Chimène la satisfaction qu'elle paraît vouloir obtenir. Puisque c'est elle qui le poursuit, son intention est de se laisser tuer. Cela n'est pas aussi en dehors de la nature que le dit Voltaire. Sans doute ce sont là des sentiments chevaleresques. Il y a là, de la part de Rodrigue, un raffinement de délicatesse ; mais rien de cela n'est invraisemblable ; rien de cela n'est extravagant. De plus, le discours de Rodrigue est très-remarquable. Sa résolution est bien motivée ; ses expressions sont aussi pures qu'elles peuvent l'être. La critique de Voltaire nous paraît donc exagérée. Au reste, il est bon de remarquer que la déclaration de Rodrigue est assez nette et assez précise, pour que Chimène ne puisse se tromper ni sur la sincérité, ni sur l'importance de cette déclaration. Elle va donc essayer de combattre, ou, pour mieux dire, elle va combattre de tous ses efforts la résolution de Rodrigue, et nous allons voir avec quelle adresse et quel art, elle va épuiser les prétextes les plus plausibles, avant de donner les véritables raisons de la répugnance qu'elle éprouve pour une résolution qui la remplit de terreur.

> Si d'un triste devoir la juste violence,
> Qui me fait, malgré moi, poursuivre ta vaillance,
> Prescrit à ton amour une si forte loi
> Qu'il te rend sans défense à qui combat pour moi,
> En cet aveuglement ne perds pas la mémoire
> Qu'ainsi que de ta vie il y va de ta gloire,

En cet aveuglement est une expression qui mérite d'être remarquée. Rodrigue se fait un devoir de se soumettre aux intentions manifestées par sa maîtresse. Il court au-devant de la vengeance qu'elle a paru vouloir tirer de lui. C'est là ce que Chimène appelle un *aveuglement*. Nous croyons que le véritable aveuglement de Rodrigue consiste à ne pas voir que Chimène joue la comédie, qu'il y a une contradiction flagrante entre sa conduite publique et ses désirs secrets, et que, bien loin de désirer sa mort, elle ne demande pas mieux que de le voir sortir sain et sauf du danger auquel elle l'expose.

> Et que, dans quelque éclat que Rodrigue ait vécu,
> Quand on le saura mort, on le croira vaincu.

Chimène essaye d'ébranler Rodrigue, en le prenant d'abord par le sentiment de l'honneur, et par l'intérêt de sa réputation. C'est un premier prétexte qu'elle met en avant, pour dissimuler le véritable motif de son opposition à une résolution qui l'épouvante.

> Ton honneur t'est plus cher que je ne te suis chère,
> Puisqu'il trempe tes mains dans le sang de mon père,

Et te fait renoncer, malgré ta passion,
A l'espoir le plus doux de ma possession.

Ton honneur t'est plus cher que je ne te suis chère. Chimène ne peut pas donner à Rodrigue une plus haute idée du prix qu'il attache lui-même à son honneur, et à l'intégrité de sa réputation. Il y a un art extrême à lui rappeler que, pour satisfaire à son honneur, il a foulé aux pieds les intérêts de son amour, et, ce qui n'est pas moins heureux, c'est que l'observation de Chimène, parfaitement juste au fond, prend, dans la bouche de celle-ci, la couleur d'un tendre reproche, et trahit par cela même, la vivacité des sentiments de Chimène, et ce caractère d'égoïsme et de personnalité dont ils sont continuellement empreints. Rodrigue a sacrifié sa passion à son devoir ; cela est évident. Rodrigue n'a jamais dit le contraire, et il va le répéter tout-à-l'heure en termes très-positifs et très-formels. Mais quoique sa conduite ait été juste, et quoique elle se soit trouvée conforme à ce que Chimène elle-même attendait de lui, son inflexible austérité n'en a pas moins blessé la susceptibilité d'une femme dont la passion est exclusive, et qui veut qu'on la préfère à tout. Il y a donc, dans cette refléxion de Chimène, un trait de naturel et de vérité. C'est ici qu'il faut remarquer combien la passion est variable et capricieuse, et combien elle se laisse emporter par l'intérêt du moment, sans tenir compte des contradictions qui lui échappent. *A l'espoir le plus doux de ma possession.* Ce vers est incorrect, et n'a été repris par personne. Il n'y a que deux manières de l'entendre. Ou bien le superlatif relatif a été employé pour le superlatif absolu, et *l'espoir le plus doux* signifie *le très-doux espoir :* ou bien *l'espoir le plus doux de ma possession* signifie *l'espoir le plus doux que tu pusses avoir, c'est-à-dire l'espoir de ma possession.* Dans l'un et l'autre cas, l'expression n'est pas claire, et ne répond pas à la pensée.

> Quoi ! n'es-tu généreux que pour me faire outrage ?
> S'il ne faut m'offenser n'as-tu point de courage ?

Généreux, dans le premier vers, est pris dans le sens de *generosus ;* il signifie *courageux*. C'est ce que prouve le second vers.

> Et traites-tu mon père avec tant de rigueur,
> Qu'après l'avoir vaincu tu souffres un vainqueur ?

Autre prétexte pour tâcher de détourner Rodrigue, et pour le faire renoncer à son dessein, sans lui avoue le véritable motif qui anime Chimène. Si Rodrigue se laisse vaincre, après avoir vaincu le comte, on dira que celui qui a vaincu Rodrigue aurait pu vaincre Don Gomès. La réputation de celui-ci en souffrira nécessairement.

> Va, sans vouloir mourir, laisse-moi te poursuivre,

Rodrigue peut conclure de là que Chimène ne désire point sa mort. Elle ne peut pas mieux lui donner à entendre que sa poursuite est de pure forme, et qu'elle n'a d'autre but, en définitive, que de sauver les apparences.

> Et défends ton honneur, si tu ne veux plus vivre.

Ce vers est également adroit et passionné ; il est plein d'art, mais de cet art que la nature inspire. Il me paraît admirable ; mais le discours de Chimène est un peu trop long *(Voltaire)*. Le discours de Chimène ne nous fait pas l'effet d'être trop long, et nous trouvons l'éloge de Voltaire un peu trop sobre. Sans doute le vers qu'il relève est admirable; il est adroit et passionné ; mais tout le discours de Chimène porte les mêmes caractères. Tout le discours est plein d'art et d'adresse. Elle voudrait dissuader Rodrigue de se laisser tuer, mais elle ne voudrait pas trahir ses véritables sentiments. Il y a là une dissimulation et une coquetterie toutes féminines ; il y a là tout l'esprit de Chimène. Malheureusement tous ces artifices vont échouer devant le bon sens et la fermeté de Rodrigue, et il faudra bien que Chimène emploie des arguments un peu plus convaincants que tous ces spécieux prétextes. Mais comme elle n'en viendra là que lorsqu'elle y sera contrainte, il est naturel qu'elle fasse valoir les raisons dont elle voudrait bien que Rodrigue se contentât.

> Non, non, en ce combat, quoique vous veuilliez croire,
> Rodrigue peut mourir sans hasarder sa gloire,
> Sans qu'on l'ose accuser d'avoir manqué de cœur,
> Sans passer pour vaincu, sans souffrir un vainqueur.
> On dira seulement : « Il adorait Chimène ;
> « Il n'a pas voulu vivre, et mériter sa haine ;
> « Il a cédé lui-même à la rigueur du sort
> « Qui forçait sa maîtresse à poursuivre sa mort ;

Rodrigue a raison. Dès qu'on connaîtra le véritable motif de sa mort, on ne pourra plus faire aucune des suppositions qui semblent effrayer Chimène. Il n'y a rien de plus simple que la franchise et la vérité ; cela évite mille embarras. Il suffit qu'on sache que Rodrigue s'est laissé tuer volontairement, pour que son honneur soit parfaitement à couvert, et pour que la mémoire du comte soit elle-même à l'abri de toute atteinte.

> « Elle voulait sa tête, et son cœur magnanime,
> « S'il l'en eût refusée, eût pensé faire un crime.

S'il l'en eût refusée signifie *s'il la lui eût refusée, sa tête.*

On ne dit pas *refuser quelqu'un d'une chose*, on dit, *refuser une chose à quelqu'un.*

« Pour venger son honneur il perdit son amour ;
« Pour venger sa maîtresse il a quitté le jour ,
« Préférant , quelque espoir qu'eût son ame asservie ,
« Son honneur à Chimène , et Chimène à sa vie. »

Il est possible que les idées de Rodrigue soient un peu exagérées , comme dit Voltaire , mais certainement elles sont très-précises et très-clairement articulées. Il est difficile de trouver une subordination plus exacte et plus héroïque de ce qu'on doit à autrui et de ce qu'on se doit à soi-même. Rodrigue se place évidemment au point de vue de la morale la plus pure et la plus désintéressée , et cela répond victorieusement à tous les raisonnements de Chimène.

Ainsi donc vous verrez ma mort en ce combat ,
Loin d'obscurcir ma gloire en rehausser l'éclat ;

Rodrigue a encore raison ; car si les choses se passent comme il l'a résolu , il aura couronné une vie héroïque par une mort héroïque. Il aura poussé jusqu'au bout le dévouement et l'abnégation de soi-même.

Et cet honneur suivra mon trépas volontaire
Que tout autre que moi n'eût pu vous satisfaire.

Rodrigue ne peut être vaincu malgré lui. La satisfaction que Chimène poursuit lui échapperait sans cesse, s'il se battait sérieusement. Pour que Chimène soit vengée, il faut que Rodrigue consente à se laisser vaincre. Par conséquent la satisfaction que Chimène obtiendra , c'est encore à Rodrigue qu'elle en sera redevable. Chimène devra tout au dévouement de son amant. Cette manière de se poser qui n'est pas sans fondement , après sa victoire sur le comte et sur les Maures, relève l'importance de Rodrigue, et redouble par conséquent la passion de Chimène qui ne peut rien contester de ce qu'il avance.

Cette réponse de Rodrigue paraît aussi alambiquée et allongée : cette dispute, sur un sentiment très-peu naturel, a quelque chose des conversations de l'hôtel *Rambouillet*, où l'on quintessenciait des idées sophistiquées. (*Voltaire*). Ici Voltaire nous paraît tout-à-fait injuste, et sa critique est, à nos yeux, complètement inacceptable. Le discours de Rodrigue n'est pas moins remarquable que celui de Chimène. Celle-ci a beaucoup d'esprit sans doute, et l'usage qu'elle en fait est véritablement merveilleux. Rodrigue est inférieur à elle, sous ce rapport ; mais comme il l'emporte sur elle, de son côté, par ses instincts moraux, par la noblesse de ses sentiments, et comme il lui suffit de son bon sens exquis et de sa générosité naturelle pour échapper aux entraves sophistiques dans lesquelles Chimène a essayé de l'embarrasser! Si l'hôtel *Rambouillet* n'avait jamais rien produit de pire, il n'aurait pas mérité tous les sarcasmes dont il a été poursuivi.

> Puisque, pour t'empêcher de courir au trépas,
> Ta vie et ton honneur sont de faibles appas,
> Si jamais je t'aimai, cher Rodrigue, en revanche,
> Défends-toi maintenant pour m'ôter à Don Sanche.
> Combats pour m'affranchir d'une condition
> Qui me donne à l'objet de mon aversion.

A la bonne heure! voici qui commence à devenir un peu plus convaincant. Nous arrivons aux solides raisons qui font que Chimène ne veut pas que Rodrigue se laisse tuer. Voilà ce qu'elle ne voulait pas dire d'abord ; mais il a bien fallu qu'elle s'exécutât; le bon sens de Rodrigue l'a forcée d'en venir là.

Te dirai-je encore plus ?

Oui, oui, il faut tout dire ; le moment est venu de montrer le fond de votre cœur, Chimène ; il ne faut plus de réticence, et vous pouvez parler d'autant plus librement que ce que vous allez dire est implicitement contenu dans ce qui vient de vous échapper. Vous avez promis votre main au cavalier qui vous apporterait la tête de Rodrigue. Le roi vous a permis de mettre Rodrigue aux prises avec Don Sanche ; mais il a déclaré que vous épouseriez le vainqueur, quel qu'il fût. Or, puisque vous ne voulez pas appartenir à Don Sanche, la conclusion se tire d'elle-même.

> Va, songe à ta défense,
> Pour forcer mon devoir, pour m'imposer silence ;
> Et si tu sens pour moi ton cœur encore épris,
> Sors vainqueur d'un combat dont Chimène est le prix.

Sors vainqueur d'un combat dont Chimène est le prix. Ce vers est repris par Scudéri. C'est peut-être le plus beau de la pièce, et il obtient grâce pour tous les sentiments un peu hors de la nature qu'on trouve dans cette scène, traitée d'ailleurs avec une grande supériorité de génie *(Voltaire).* Nous nous sommes déjà expliqués sur les sentiments un peu hors de nature qu'on trouve dans cette scène, au dire de Voltaire. Nous croyons que ces sentiments ne sont pas aussi peu naturels que Voltaire l'affirme. Quant au passage que nous venons de transcrire, et à l'admirable vers qui le termine, nous sommes tout-à-fait de l'avis de Voltaire et de la plupart des critiques de bonne foi ; c'est une des plus belles choses qu'il y ait dans toute la pièce ; nous n'avons point à réclamer contre l'admiration universelle que ce passage a toujours excitée ; mais nous croyons qu'on n'en a pas bien compris le ca ractère, et qu'on ne s'en est pas rendu un compte bien satisfaisant. On a dit que la passion de Chimène se montrait là tout entière, que Chimène laissait enfin éclater son amour pour Rodrigue. Ce n'est pas là le véritable caractère de ces quatre vers. Il y a long-temps que Chimène a avoué sa passion à Rodrigue ; elle ne lui en a jamais fait mystère. Chimène a si bien manifesté sa passion à Rodrigue que celui-ci s'est écrié lui-même : *O miracle d'amour*. Rodrigue ne peut donc pas ignorer, et réellement il n'ignore pas que Chimène l'aime éperdument. Ce n'est donc pas là ce qu'il a besoin d'apprendre. Ce qui caractérise le passage en question, ce qui en fait l'importance dramatique, indépendamment de son incontestable beauté, c'est que Chimène donne à entendre à Rodrigue que, s'il est vainqueur, elle pourra l'épouser ; elle lui rappelle que, d'après l'ordonnance du roi, sa main doit appartenir au vainqueur ; elle lui fait donc envisager la victoire, dans son duel avec Don Sanche, comme un moyen de forcer son devoir et de la réduire au silence. Or, ce qu'on n'a pas suffisamment remarqué, c'est qu'en disant cela elle le trompe. Quelque paradoxale que puisse paraître cette assertion, elle est conforme à la vérité, et nous ne tarderons pas à en acquérir la preuve. Chimène dissimule avec son amant, comme elle dissimule avec tout le monde. Que veut Chimène dans ce moment ? Elle veut échapper au malheur d'épouser Don Sanche. Pour peu que Rodrigue persiste à se faire tuer, elle devient victime de la loi qu'elle s'est imposée elle-même. Ce n'est pas l'amour de Chimène qui empêchera Rodrigue de se faire tuer, s'il n'a aucune espérance d'épouser sa maîtresse. Au contraire, plus il aime Chimène, et plus il en est aimé, plus il est disposé à chercher la mort, en présence de l'obstacle qui s'oppose à son mariage. Pour l'engager à vivre et à vaincre Don Sanche, il faut donc que Chimène fasse luire à ses yeux quelque espoir qui le ranime et qui lui rende toute son énergie. Cette perspective attrayante, c'est celle d'épouser Chimène. Tel est donc l'appât dont Chimène se sert ; mais, encore une fois, cet appât n'est qu'un leurre. Chimène n'est pas sincère, et nous recueillerons bientôt de sa propre bouche l'aveu de sa dissimulation.

> Adieu. Ce mot lâché me fait rougir de honte.

Ce vers achève le tableau tel que nous le comprenons du moins ; c'est le dernier coup de pinceau ajouté par un artiste consommé. C'est un nouveau trait de dissimulation destiné à assurer le succès de la dissimulation précédente. Chimène feint de rougir pour mieux feindre d'avoir parlé sérieusement, en donnant à entendre à Rodrigue qu'elle pourrait l'épouser s'il était vainqueur.

> Est-il quelque ennemi qu'à présent je ne dompte ?
> Paraissez, Navarrais, Maures et Castillans,
> Et tout ce que l'Espagne a nourri de vaillants ;
> Unissez-vous ensemble, et faites une armée
> Pour combattre une main de la sorte animée ;

L'artifice de Chimène a complètement réussi. Rodrigue a donné dans le piège qu'on lui a tendu. Les dernières paroles de Chimène lui ont rendu toute son énergie. Il vient de passer du comble de l'abattement au comble de l'espérance. Son exaltation se trahit par des mouvements bien naturels et bien expressifs. Dès ce moment Don Sanche court grand risque d'être vaincu.

Je ne sais pourquoi on supprime ce morceau dans les représentations. *Paraissez, Navarrais*, était passé en proverbe, et c'est pour cela même qu'il faut réciter ces vers. Cet enthousiasme de valeur et d'espérance messied-il au Cid, encouragé par sa maîtresse *(Voltaire)*?

SCÈNE III. L'Infante.

Le théâtre représente l'appartement de l'Infante. Il est naturel que cette scène et la scène suivante se passent chez Dona Urraque.

> T'écouterai-je encor, respect de ma naissance,
> Qui fais un crime de mes feux ?
> T'écouterai-je, amour, dont la douce puissance
> Contre ce fier tyran fait révolter mes vœux ?

Il faut convenir qu'après la scène qui précède, entre Chimène et Rodrigue, le monologue de l'infante paraît bien insipide et bien froid.

> Impitoyable sort, dont la rigueur sépare
> Ma gloire d'avec mes désirs!

Impitoyable sort, dont la rigueur empêche que ma gloire et mes désirs ne s'accordent ensemble !

> Est-il dit que le choix d'une vertu si rare
> Coûte à ma passion de si grands déplaisirs?

Le choix d'une vertu si rare signifie probablement *la préférence que j'accorde à un homme si vertueux.*

> Mais c'est trop de scrupule, et ma raison s'étonne
> Du mépris d'un si digne choix

Du mépris d'un si digne choix signifie ici *du mépris que je pourrais éprouver, ou que d'autres pourraient éprouver pour le héros que j'ai choisi, et qui est digne de mon choix.*

> Si Rodrigue combat sous ces conditions,
> Pour en rompre l'effet, j'ai trop d'inventions ;
> L'amour, ce doux auteur de mes cruels supplices,
> Aux esprits des amants apprend trop d'artifices.

On dirait que l'infante ne renonce pas à son amour. Ce qu'elle dit ici semble nous menacer de quelque nouvelle complication. Nous allons voir tout-à-l'heure que ce sont là tout bonnement des propos en l'air. L'infante n'a pas le moindre dessein de troubler les amours de Rodrigue et de Chimène. Elle va bientôt renouveler le sacrifice de sa passion.

> Pourrez-vous quelque chose après qu'un père mort
> N'a pu dans leur esprit allumer de discord?
> Car Chimène aisément montre par sa conduite
> Que la haine aujourd'hui ne fait pas sa poursuite.

L'infante disait tout-à-l'heure :

Entr'eux la mort d'un père a si peu mis de haine,
Que le devoir du sang à regret le poursuit :

Ces deux passages sont conformes. Ils prouvent l'un et l'autre que la conduite de Chimène est généralement appréciée. On ne peut pas voir dans sa poursuite une démarche sérieuse et sincère. On s'obstine à croire qu'elle sacrifie au *decorum*, et malheureusement rien ne prouve, en effet, qu'elle ait pris son devoir au sérieux, et qu'elle ait jamais fait autre chose que ce qu'il fallait pour ne pas mécontenter l'opinion publique.

> Elle obtient un combat, et pour son combattant
> C'est le premier offert qu'elle accepte à l'instant.....
> Un tel choix, et si prompt, vous doit bien faire voir
> Qu'elle cherche un combat qui force son devoir,
> Qui livre à son Rodrigue une victoire aisée,
> Et l'autorise enfin à paraître apaisée.

Ici Léonor fait un peu la mauvaise langue. Elle se

laisse aller au plaisir de médire. Elle interprète de la manière la plus défavorable à Chimène les circonstances qui ont amené le combat entre Rodrigue et Don Sanche. Don Sanche s'est trouvé choisi par suite de la promesse antérieure que Chimène lui avait faite, au 3e. acte, et parce que le roi Fernand a limité à une seule attaque l'assaut qui serait livré à Rodrigue. Ensuite, dans l'intention de Chimène, ce combat ne devait avoir d'autre but que de punir Rodrigue. C'est par un acte postérieur de la volonté royale que le combat a produit pour Rodrigue la chance d'obtenir la main de Chimène. Il y a donc, dans le langage de Léonor, une exagération évidente, et cependant nous croyons qu'il pourrait bien y avoir, de la part du poète, l'intention de nous faire connaître, par l'intermédiaire de ce personnage, quelque chose de ce qui se passe réellement dans l'ame de Chimène.

> Puisqu'en un tel combat sa victoire est certaine,
> Allons encore un coup le donner à Chimène.

L'infante nous faisait donc une peur inutile, avec les inventions et les artifices dont elle parlait, il n'y a qu'un moment.

SCENE V. Elvire, Chimène.

Nous revenons dans la maison de Chimène, et il faut convenir que la scène se déplace un peu trop souvent. Quoi qu'il en soit, c'est ici que va se terminer le 5e. acte, et la pièce par conséquent.

> Elvire, que je souffre! et que je suis à plaindre!
> Je ne sais qu'espérer; et je vois tout à craindre.
> Aucun vœu ne m'échappe où j'ose consentir;
> Je ne souhaite rien sans un prompt repentir :

Après le départ de Rodrigue, Chimène est retombée

dans l'inquiétude et la perplexité. Sa situation n'a guère varié. Au point de vue où elle se maintient, cette situation est inextricable. Elle ne peut échapper à un inconvénient que pour retomber dans un autre. Comment concilier le devoir et la passion, deux choses essentiellement inconciliables ? On peut sacrifier un devoir à un autre, une passion à une autre, sacrifier la passion au devoir, ou immoler le devoir à la passion. Quel que soit de ces quatre partis celui que l'on adopte, cela donne une position nette et décidée, on sait ce que l'on veut et, d'après cela, on agit, on marche et on avance ; mais, dans la position où est Chimène, on ne fait pas un pas. On oscille perpétuellement, d'un point à un autre, sans pouvoir jamais arriver ni à un mouvement progressif, ni à un équilibre satisfaisant. Puisque Chimène ne veut renoncer ni à sa passion, ni à son devoir, il est évident qu'elle ne sortira jamais de la difficulté où elle est prise. Que l'on compare un moment le caractère de Rodrigue et celui de Chimène. Quelle différence entre ces deux personnages ! Et comme cette différence est toute entière à l'avantage de Rodrigue ! Celui-ci s'est soumis, dès le principe, à la loi du devoir. Il suit une ligne droite et inflexible, dans laquelle il ne peut jamais s'égarer, et sur laquelle il se meut avec la plus grande facilité, suivant toujours son principe, et l'appliquant, sans peine et sans effort, à chaque circonstance nouvelle. Chimène, au contraire, est dominée par sa passion. Et cependant elle voudrait satisfaire à son devoir. Mais chaque fois qu'elle est mise en demeure de l'embrasser, elle s'y refuse. De là son anxiété, son inquiétude, sa constante mobilité. Elle ne sait pas ce qu'elle veut ; et, de quelque côté qu'elle se tourne, elle se trouve arrêtée par une difficulté insurmontable : preuve bien évidente qu'elle n'a pas pris la bonne direction, et qu'elle s'est engagée dans une voie sans issue. Plus nous avancerons vers la fin de la pièce, et plus nous nous convaincrons que cette observation est juste.

> Le plus heureux succès me coûtera des larmes ;

Chimène ne dit point quelle est, des deux issues que peut avoir le combat, celle qu'elle regarde comme la plus heureuse ; elles ne seront guère heureuses ni l'une ni l'autre ; n'importe, en supposant qu'il y en eût une qui fût plus favorable que l'autre, la plus heureuse serait encore parfaitement déplorable.

> Et, quoi qu'en ma faveur en ordonne le sort,
> Mon père est sans vengeance, ou mon amant est mort.

L'alternative est inévitable, le dilemme est pressant. Il faut donc sacrifier le père à l'amant, ou l'amant au père, à moins qu'on ne trouve une raison plausible de conserver l'amant, en sacrifiant le père à quelque principe plus élevé, à quelque sentiment plus considérable que l'amour qu'on éprouve pour Rodrigue. Mais quel est ce principe sous la protection duquel pourra s'abriter la passion ? C'est ce qui reste à découvrir. Tant que ce principe ne sera pas trouvé, le dénouement, dans un sens moral et acceptable, restera impossible ; et le fait est que, dans la conception de Corneille, le drame paraît d'abord inachevé.

> D'un et d'autre côté je vous vois soulagée ;
> Ou vous avez Rodrigue, ou vous êtes vengée,
> Et, quoi que le destin puisse ordonner de vous,
> Il soutient votre gloire, et vous donne un époux.

Elvire aurait raison si Chimène désirait un époux,

quel qu'il fût, et si elle ne demandait, pour l'honneur de son père, qu'une satisfaction telle quelle. Mais Elvire oublie, ou peut-être elle ne sait pas qu'il n'y a pour Chimène qu'un époux possible, qui est Rodrigue, et qu'il n'y a, pour le comte de Gormas, qu'une satisfaction possible, qui est la mort de Rodrigue. Elvire parle d'après ce caractère prosaïque et vulgaire que nous lui avons déjà reconnu. Chimène s'exprime, au contraire, d'une manière conforme aux sentiments qu'elle a déjà manifestés. D'après cela, c'est le dilemme de Chimène qui est le bon. Celui par lequel Elvire essaye de le rétorquer ne vaut rien ; car il suppose, entre les cornes du premier, une ouverture qui n'existe pas.

> Je crains plus que la mort la fin de ma querelle.

Chimène a parfaitement raison. L'issue du combat, quelle qu'elle puisse être, est également redoutable pour elle. Ou elle perd Rodrigue, ou elle perd sa vengeance : il n'y a pas de milieu. Ainsi des deux passions qui la possèdent, il n'y en a qu'une qui puisse avoir satisfaction, puisqu'elles sont contradictoires.

> Madame, il vaut bien mieux que sa rare vaillance,
> Lui couronnant le front, vous impose silence,
> Que la loi du combat étouffe vos soupirs,
> Et que le roi vous force à suivre vos désirs.

Telle est l'issue qui paraît la plus favorable à Elvire. Il vaut mieux que Rodrigue soit vainqueur, et que la déclaration du roi oblige Chimène à l'épouser. Voilà bien le langage d'une moralité grossière et banale. On ne peut que savoir gré à Chimène de ne pas se rendre à de pareilles exhortations. Voltaire prétend que les spectateurs sont ici de l'avis d'Elvire, qu'ils trouvent, comme elle, que Chimène en a fait assez, et qu'elle doit s'en remettre à l'événement du combat. Nous aimons à croire que, parmi les spectateurs du *Cid*, il y en a quelques-uns qui ont le goût plus délicat, et qui s'accommodent mieux des scrupules de Chimène que de la morale commode et vulgaire de la confidente.

> Quand il sera vainqueur crois-tu que je me rende ?
> Mon devoir est trop fort et ma perte trop grande :
> Et ce n'est pas assez, pour leur faire la loi,
> Que celle du combat et le vouloir du roi.

On peut dire *faire la loi à un devoir*, pour dire *le surmonter*, et non pas *à une perte* (*Académie*).

> Il peut vaincre Don Sanche avec fort peu de peine,
> Mais non pas avec lui la gloire de Chimène :
> Et, quoi qu'à sa victoire un monarque ait promis,
> Mon honneur lui fera mille autres ennemis.

Voilà la preuve que Chimène a trompé Rodrigue, en lui disant : *Sors vainqueur d'un combat dont Chimène est le prix*. Elle n'était occupée alors que de l'intention où était Rodrigue de se laisser tuer par Don Sanche. La crainte de devenir l'épouse de celui-ci lui a fait épuiser toutes les raisons qui étaient de nature à dissuader Rodrigue, et à l'encourager à se défendre. C'est dans cette intention évidemment qu'elle a rappelé à son amant la déclaration du roi ; mais elle n'a point accepté cette condition. Elle a fait luire aux yeux de Rodrigue l'espoir de s'acquérir des droits sur elle ; mais elle n'a point entendu se lier. Ce qu'elle dit ici en est la preuve manifeste.

> La mort de votre amant vous rendra-t-elle un père ?
> Est-ce trop peu pour vous que d'un coup de malheur ?

> Faut-il perte sur perte, et douleur sur douleur ?

La position de Chimène est toujours fausse et indécise, et c'est par là qu'elle devient comique. Nous sommes toujours dans le domaine de la comédie. Ce qui le prouve c'est le ton que prend la confidente. Elle se permet de tancer sa maîtresse, de la réprimander, et finalement de se moquer d'elle. Ce sont là des détails éminemment comiques. Chimène, malgré l'élévation de ses sentiments, et par cela seul qu'elle ne sait pas ce qu'elle veut, vient se heurter à ce grossier bon sens d'Elvire, qui, s'il ne s'élève pas à une grande hauteur, a du moins le mérite de marcher en ligne droite, et de viser à un but précis.

> Allez, dans le caprice où votre humeur s'obstine,
> Vous ne méritez pas l'amant qu'on vous destine ;
> Et nous verrons du ciel l'équitable courroux,
> Vous laisser par sa mort Don Sanche pour époux.

Cette menace est essentiellement comique ; elle fait rire aux dépens de Chimène. Et cela est si vrai que ce passage du *Cid* rappelle invinciblement des passages analogues, empruntés à de véritables comédies.

Les raisonnements d'Elvire, dans cette scène, semblent un peu se contredire. D'abord, elle dit à Chimène *qu'elle sera soulagée des deux côtés.* Ensuite :

> *Et nous verrons du ciel l'équitable courroux*
> *Vous laisser par sa mort Don Sanche pour époux (Voltaire).*

Les raisonnements d'Elvire ne se contredisent point : ses idées se développent. Voltaire oppose les dernières paroles d'Elvire à celles qu'elle a prononcées, dès le commencement de la scène. Entre ces deux points extrêmes, il y a des intermédiaires dont Voltaire ne tient pas compte.

Je veux, si je le puis, les éviter tous deux.
Les deux époux.

Sinon en ce combat, Rodrigue a tous mes vœux.

S'il faut absolument faire des vœux pour quelqu'un, elle n'hésite pas à en faire pour Rodrigue.

Non qu'une folle ardeur de son côté me penche;

Chimène ne dit pas ce qu'elle veut dire. Son intention n'est pas de faire entendre à Elvire qu'elle n'éprouve aucune inclination pour Rodrigue. Ce serait se mettre inutilement en contradiction avec tous les aveux qu'elle a déjà faits à sa confidente. Elle veut dire simplement que, tout en faisant des vœux pour Rodrigue, elle n'est point disposée à l'épouser.

Mais, s'il était vaincu, je serais à Don Sanche;
Cette appréhension fait naître mon souhait.

Ainsi ce qu'elle redoute le plus, c'est d'appartenir à Don Sanche, c'est d'épouser un homme qu'elle n'aime pas. A ce prix-là, elle n'a pas le courage de vouloir que son père soit vengé. Mais, dira-t-on, elle consent donc à épouser Rodrigue, s'il est vainqueur. Pas tout-à-fait. Elle veut d'abord que Rodrigue la débarrasse de Don Sanche. Après cela, il pourra se faire peut-être que Rodrigue veuille invoquer contre elle la déclaration du roi; mais d'abord, elle compte sur la générosité de Rodrigue, et nous verrons bientôt qu'elle a parfaitement raison d'y compter. Ensuite, au pis-aller, elle s'insurgerait contre la volonté du roi. Quoi qu'il en soit, on comprend que c'est Don Sanche qui embarrasse le plus Chimène; car ici elle est liée par sa propre promesse, tandis que c'est la volonté du roi qui a donné des droits à Rodrigue. D'ailleurs, et c'est là le bon côté de Chimène, elle se trouverait plus malheureuse d'épouser Don Sanche que de ne pas épouser Rodrigue.

> Madame, à vos genoux j'apporte cette épée....

L'Académie a condamné cette scène, et on peut voir les raisons qu'elle en rapporte ; mais il n'y a point de lecteur sensé qui ne prévienne ce jugement, et qui ne voie qu'il n'est pas naturel que l'erreur de Chimène dure si long-temps. Ce qui n'est pas dans la nature ne peut toucher (*Voltaire*). L'erreur de Chimène est naturelle ; c'est sa durée que l'on condamne, et l'on invoque l'autorité de l'*Académie*. Nous ferons remarquer que la critique de l'*Académie* et celle de *Voltaire* se rapportent à la première édition du *Cid*. Ainsi comprises, elles nous paraissent justes. Mais cette scène entre Chimène et Don Sanche a été réduite à des proportions plus convenables. Dans les éditions postérieures, on y a supprimé, avec raison, seize vers. Telle qu'elle est maintenant, elle échappe à la critique. Cette scène et la suivante ont d'ailleurs un grand avantage : c'est d'obliger Chimène à sortir d'une position difficile, et de lui faire avouer, de la manière la moins ambiguë, toute la profondeur et toute la violence de sa passion pour Rodrigue.

> Quoi ! du sang de Rodrigue encor toute trempée !

L'épée de Don Sanche n'est nullement trempée de sang, puisqu'il n'a pas tué Rodrigue. L'exclamation de Chimène est donc de pure forme ; elle n'a plus la même valeur qu'elle avait, au troisième acte, lorsque Chimène a dit, en parlant de l'épée de Rodrigue : *Quoi ! du sang de mon père encor toute trempée !*

Eclate, mon amour, tu n'as plus rien à craindre ;
Mon père est satisfait, cesse de te contraindre.
Un même coup a mis ma gloire en sûreté,
Mon ame au désespoir, ma flamme en liberté.

Chimène n'avait donc pas l'intention de dissimuler son amour à Elvire, lorsqu'elle lui disait tout-à-l'heure :

Non qu'une folle ardeur de son côté me penche,

Elle voulait seulement lui donner à entendre que, malgré son amour pour Rodrigue et malgré l'ordonnance du roi, elle n'était point disposée à l'épouser. Maintenant qu'elle suppose que Rodrigue est mort, elle ne fait pas difficulté d'avouer sa passion, même devant Don Sanche, et ce sentiment est très-naturel ; car, comme elle le dit elle-même, *Son père est satisfait, et sa gloire est en sûreté.* Dès lors, rien n'empêche plus que l'on sache jusqu'à quel point elle aimait Rodrigue.

Tu me parles encore,
Exécrable assassin d'un héros que j'adore ?
Va, tu l'as pris en traître ; un guerrier si vaillant
N'eût jamais succombé sous un tel assaillant.
N'espère rien de moi ; tu ne m'as point servie :
En croyant me venger tu m'as ôté la vie.

Tais-toi, perfide,
Et n'impute qu'à toi ton lâche parricide.
Va faire chez les Grecs admirer ta fureur :
Va ; je la désavoue, et tu me fais horreur......
Adieu. Tu peux partir. Je demeure en Epire ;
Je renonce à la Grèce, à Sparte, à son empire,
A toute ma famille ; et c'est assez pour moi,
Traître, qu'elle ait produit un monstre tel que toi.

(Racine, Andromaque).

SCÈNE VII.

Don Alonse, Don Arias, Elvire, Chimène, Don Fernand, Don Diègue, Don Sanche, Suite et Gardes *dans le fond*.

L'arrivée du roi est très-bien ménagée ici. Cet incident prolonge naturellement l'erreur de Chimène, et l'oblige à se démasquer devant toute la cour. On sent que l'arrivée du roi force Chimène à s'adresser à lui, et que Don Sanche, par respect pour le roi, renonce à toute nouvelle tentative d'éclaircissement. Il attend que la fougue de Chimène soit passée. Tout cela est très-naturel et très-convenable; tout cela n'a point été suffisamment apprécié ni par l'*Académie* ni par *Voltaire*.

> Sire, il n'est plus besoin de vous dissimuler
> Ce que tous mes efforts ne vous ont pu céler.

Chimène a donc dissimulé; voilà qui devient incontestable. *Habemus confitentem ream.* Don Fernand a deviné juste, en disant à Chimène :

> *Et ta flamme, en secret, rend grâces à ton roi*
> *Dont la faveur conserve un tel amant pour toi.*

Au reste, Chimène n'oublie qu'une chose, c'est de dire la raison pour laquelle il n'est plus besoin de dissimuler. Mais cette raison, tout le monde la devine. Après l'accueil qu'elle vient de faire à Don Sanche, la dissimulation est parfaitement impossible.

> J'aimais, vous l'avez su; mais pour venger mon père,
> J'ai bien voulu proscrire une tête si chère.

C'était faire beaucoup trop, et ce n'était pas faire assez. Il était parfaitement inutile de proscrire Rodrigue, et de le persécuter, puisque Rodrigue n'était pas coupable, de l'aveu même de Chimène. Il suffisait que Chimène lui refusât sa main. Ce refus aurait formé un nœud bien plus solidement lié que toutes les clameurs de Chimène, et que tous ses projets de vengeance éminemment suspects de dissimulation.

> Votre majesté, Sire, elle-même a pu voir
> Comme j'ai fait céder mon amour au devoir.

On voit que Chimène n'est pas tellement sûre d'elle-même qu'elle ne soit bien aise d'invoquer l'autorité du roi. Le témoignage du roi lui paraît nécessaire pour corroborer le témoignage de sa propre conscience. Ce n'est pas là l'indice d'une moralité bien profonde et bien convaincue de sa propre réalité. Chimène n'est pas une femme à pouvoir se dire : *mea mihi conscientia pluris est, quam omnium sermo.*

> Don Sanche m'a perdue en prenant ma défense,
> Et du bras qui me perd je suis la récompense !

Si Don Sanche a tué Rodrigue, il a vengé le comte de Gormas, et il semble que Chimène devrait lui témoigner quelque reconnaissance pour cela. Mais Chimène insiste principalement sur le mauvais service qu'on lui a rendu, en tuant son amant. Nouvelle preuve du caractère de Chimène. Son devoir filial pâlit toujours devant sa passion pour Rodrigue. Le premier intérêt pour elle, c'est l'intérêt de son amour.

> Sire, si la pitié peut émouvoir un roi,
> De grâce, révoquez une si dure loi.

Remarquez bien que, si Rodrigue est mort, le roi n'a rien à révoquer. L'ordonnance du roi n'a eu d'autre but que de faire participer Rodrigue à la promesse faite par Chimène au champion qui voudrait embrasser sa cause.

Si Rodrigue est vaincu, l'ordonnance du roi n'a plus d'objet, et Chimène tombe justement et naturellement sous le coup de la loi qu'elle a faite elle-même. Chimène demande donc à être affranchie de sa propre loi. Nouvelle preuve de la sincérité avec laquelle a été faite la promesse du quatrième acte.

> Pour prix d'une victoire où je perds ce que j'aime,
> Je lui laisse mon bien, qu'il me laisse à moi-même.

Si Chimène disait : *Pour prix d'une victoire où mon père est vengé,* on verrait du moins qu'elle pense un peu à son devoir, et qu'elle tient compte de ce qu'elle gagne. Mais ce n'est pas à son père qu'elle pense le plus. C'est toujours son amour qui la préoccupe. Le résultat vraiment important pour elle, de la victoire de Don Sanche, c'est la mort de Rodrigue.

> Qu'en un cloître sacré je pleure incessamment
> Jusqu'au dernier soupir mon père et mon amant.

A la bonne heure! il est fort heureux que le père puisse une fois marcher de pair avec l'amant; mais est-ce à Chimène ou bien au poëte que nous en sommes redevables? Nous croyons qu'il faut en rendre graces à la mesure du vers. Au reste, ce que Chimène dit ici est très-raisonnable; mais elle n'avait pas besoin d'attendre la mort de Rodrigue pour prendre le parti de se retirer dans un cloître, ou pour en exprimer l'intention. Après la mort de son père, elle pouvait très-bien se condamner à regarder son amant comme perdu pour elle; elle le devait même, et c'était là son véritable devoir. Et alors qu'est-ce qui pouvait l'empêcher de se retirer dans un cloître, pour y pleurer son père et son amant? Il faut donc convenir que, tant que Rodrigue a été vivant,

Chimène a cru pouvoir profiter de quelque circonstance heureuse pour s'en assurer la possession.

> Enfin, elle aime, Sire,
> *Enfin, elle convient qu'elle aime.*

> Et ne croit plus un crime
> D'avouer par sa bouche un amour légitime.

Ces deux vers sont très-bien placés dans la bouche de Don Diègue. Le bon vieillard insiste toujours pour qu'il soit constaté que Chimène aime Rodrigue, et qu'elle ne peut s'en défendre. Mais Don Diègue s'imagine-t-il que cela suffit pour passer à la conclusion du mariage entre Chimène et son fils ? N'y a-t-il pas toujours, entre l'un et l'autre, le cadavre de Don Gomès ? Comment lever cette difficulté ? C'est là le point capital. L'amour de Chimène n'y suffit pas. Si l'on veut que le dénouement, tel que la tradition le consacre, ait quelque moralité, il faut trouver une raison suffisante pour vaincre la répugnance légitime que doit éprouver Chimène.

> Chimène ; sors d'erreur, ton amant n'est pas mort,
> Et Don Sanche vaincu t'a fait un faux rapport.

Il y a, de la part du roi, une certaine précipitation à accuser Don Sanche. Cependant il paraît difficile, au premier abord, d'expliquer autrement que par un mensonge de celui-ci, le désespoir de Chimène.

> Sire, un peu trop d'ardeur malgré moi l'a déçue.

La nouvelle que Rodrigue n'est pas mort a coupé la parole à Chimène. D'un autre côté, le roi vient d'accuser Don Sanche d'imposture. Celui-ci a besoin de se défendre. Il prend donc la parole pour faire le récit du combat, et pour expliquer l'erreur de Chimène.

On ne peut pas nier que tout cela ne soit très-convenable et très-naturel. Tout cela n'a pas été suffisamment goûté par les critiques.

Ne crains rien, m'a-t-il dit quand il m'a désarmé :
Quand il m'a eu désarmé.

Mais puisque mon devoir m'appelle auprès du roi,
Quel devoir l'appelle auprès du roi, au temps de ce combat *(Voltaire)* ? Il est certain que nous n'en savons rien. Tout ce qu'on peut dire, c'est qu'il ne serait pas convenable qu'aussitôt après le combat Rodrigue se rendît chez Chimène. Il aurait l'air de venir réclamer le prix de sa victoire. D'ailleurs il ne peut plus se présenter chez elle décemment. Il y est venu, il est vrai, avant le combat; mais alors il avait l'intention de se laisser tuer, et il agissait en homme qui n'a plus aucun ménagement à garder, et qui n'a pas besoin de calculer l'effet de ses démarches. Maintenant sa position est tout-à-fait changée. Il s'est résolu à vivre, et dès lors il doit agir avec plus de circonspection. On peut supposer que si Rodrigue se rend auprès du roi, c'est pour lui apprendre qu'il est vainqueur, et pour le prier de ne pas insister auprès de Chimène pour qu'elle l'épouse. Rodrigue tient essentiellement à obtenir Chimène d'elle-même ; il doit donc inviter le roi à ne pas presser l'exécution de son ordonnance. Mais c'est là une pure conjecture de notre part, et le poète devait nous dispenser du besoin de nous y livrer. L'observation de Voltaire est donc juste, et il y a, dans ce vers, une petite négligence de détail.

Pour moi, bien que vaincu, je me répute heureux,
Et, malgré l'intérêt de mon cœur amoureux,
Perdant infiniment, j'aime encor ma défaite.

> Qui fait le beau succès d'une amour si parfaite.

Don Sanche peut être considéré ici comme le représentant de tous les jeunes Castillans qui pourraient aspirer à la main de Chimène. En présence d'une passion si profonde et si hautement avouée pour Rodrigue, ils renoncent tous à leurs prétentions, et semblent regarder comme une folie l'idée de vouloir épouser une femme qui aime si passionnément un autre homme qu'eux. Dès ce moment, il devient probable que Chimène épousera Rodrigue, ou qu'elle n'épousera personne. Ce qui ne veut pas dire encore qu'elle épousera Rodrigue.

> Ma fille, il ne faut point rougir d'un si beau feu,
> Ni chercher les moyens d'en faire un désaveu,
> Une louable honte en vain t'en sollicite.

Ce qu'on peut dire dans l'intérêt de Chimène, et ce qui est vrai, c'est qu'elle est véritablement honteuse de la passion qu'elle éprouve pour Rodrigue, après le funeste événement qui a causé la mort de son père. Or, il suffit de cette honte, pour qu'il y ait de l'injustice à la représenter comme une fille dénaturée, comme une parricide.

> Ta gloire est dégagée, et ton devoir est quitte;
> Ton père est satisfait,

Il y a, dans ce passage, une ambiguité qu'il est bon de lever. Comment la gloire de Chimène est-elle dégagée? Comment est-elle quitte de son devoir? Comment le comte de Gormas est-il satisfait? Il y a deux choses en question. La mort du comte, et la vengeance qui peut lui être due; le mariage de Chimène avec Rodrigue. En tant qu'il a été tué en duel, et par suite d'un outrage qu'il avait fait à Rodrigue, dans la personne de son père, le comte ne doit pas être vengé; il n'a droit à aucune satisfaction. En tant qu'il est le père de Chimène, et quoiqu'il ait été tué loyalement, les bienséances ne veulent pas que sa fille épouse son meurtrier. Sous le premier point de vue, Chimène a fait plus que son devoir n'exigeait d'elle. Elle a voulu accomplir un devoir qui n'existait pas. Sous le second point de vue, Chimène ne s'est pas encore prononcée. Elle a fini par avouer qu'elle aimait Rodrigue : elle a laissé voir suffisamment qu'elle n'aurait jamais d'autre époux que lui. Mais épousera-t-elle Rodrigue ? voilà la question.

> Et c'était le venger
> Que mettre tant de fois ton Rodrigue en danger.

Rodrigue n'a été mis en danger qu'une seule fois, par le fait de Chimène : c'est dans sa lutte avec Don Sanche. Les dangers qu'il a courus, dans son combat contre les Maures, ne sont pas du fait de Chimène. Rodrigue s'y est exposé volontairement. Au reste, nous convenons que le comte est bien vengé, plus vengé qu'il ne devait l'être ; mais Rodrigue se serait battu dix fois, qu'il y aurait encore une chose à faire, pour satisfaire aux bienséances.

> Ayant tant fait pour lui, fais pour toi quelque chose.

Pour lui signifie ici *pour ton père*.

> Et ne sois point rebelle à mon commandement
> Qui te donne un époux aimé si chèrement.

Aimé si chèrement tant qu'on voudra ; mais parce qu'un homme est aimé, ce n'est pas une raison pour qu'on l'épouse. Il faut encore d'autres conditions. Sans cela, il n'y aurait pas de femme qui ne pût épouser le mari de sa voisine, sous prétexte qu'elle l'aime. Tout ce discours du roi est très-faible, et il n'y a rien là qui puisse effacer le sang qui a coulé entre Chimène et Don Rodrigue. Sans doute, Rodrigue n'est plus punissable, aux yeux des hommes, et il ne l'a jamais été aux yeux des hommes de son temps. Après sa lutte avec Don Sanche, et la victoire qu'il a remportée sur celui-ci, Chimène n'est plus recevable à poursuivre sa mort, à demander sa tête. Mais Chimène peut-elle l'épouser ? Non. La mort du comte de Gormas a imprimé à Rodrigue, relativement à Chimène, une tache indélébile que rien ne peut effacer, et que rien n'a effacée, dans le drame que nous venons de parcourir. Le roi se fait donc illusion, ou peut-être est-ce par l'organe du roi que l'auteur cherche à faire illusion aux spectateurs.

> Sèche tes pleurs, Chimène, et reçois sans tristesse
> Ce généreux vainqueur des mains de ta princesse.

Il n'est pas mal que ce soit la princesse Urraque qui présente Rodrigue à Chimène. Ici encore on peut regarder l'infante comme une personnification de tout le sexe, qui semble approuver par la bouche de la princesse l'union des deux amants.

> Je ne viens point ici demander ma conquête,

Rodrigue conserve son caractère chevaleresque, loyal et généreux. Il n'exige rien de Chimène ; il ne la veut obtenir que de son propre gré. Cela est parfaitement convenable, et on devait s'y attendre. Rodrigue se donnerait à lui-même un cruel démenti, en voulant user du droit que lui donne sa victoire sur Don Sanche.

> Je viens tout de nouveau vous apporter ma tête,

Rodrigue a offert sa tête si souvent, que cette nouvelle offre ne peut plus produire le même effet. Les personnages doivent toujours conserver leur caractère, mais non pas dire toujours les mêmes choses. L'unité de caractère n'est belle que par la variété des idées (*Voltaire*). L'observation de Voltaire nous en suggère une autre. Depuis la mort du comte, on peut dire que Rodrigue n'a vécu que d'une seule idée qui est devenue le fond de son caractère, et qui a imprimé à toute sa conduite une admirable unité, mais aussi une évidente et fâcheuse monotonie. Cette idée fixe, c'est le dessein bien arrêté d'offrir sa vie à Chimène, en expiation de la mort qu'il a donnée au comte. Cette idée, il l'a reproduite sous toutes les formes, et dans toutes les circonstances qu'il a créées lui-même ou qu'on a créées autour de lui, et il faut convenir que sa formule a été aussi variée que possible. Mais enfin, c'est toujours la même idée, exprimée de beaucoup de manières différentes, et il suffit pour s'en convaincre de relire la quatrième scène du troisième acte, et la première scène du cinquième. Or, quand on a dit une chose vingt fois, et qu'on se trouve conduit à la redire une vingt-unième fois, il est difficile de ne pas retomber sur quelqu'une des expressions déjà employées. Voltaire a raison de dire que l'unité de caractère n'est belle que par la variété des idées. Mais il faut ajouter à cela que la variété ne peut se produire que par les idées accessoires. Ces idées accessoires dépendent des situations. Le vice ici, c'est que la situation de Rodrigue est toujours la même, et que son caractère ne peut pas se diversifier.

> Mon amour n'emploira point pour moi
> Ni la loi du combat ni le vouloir du roi.

Chimène a déjà dit que la loi du combat et le vouloir du

roi ne seraient point pour elle des considérations suffisantes. Voici Rodrigue qui fait, de son côté, la même déclaration. L'ordonnance du roi est donc comme non-avenue : elle ne produira aucun effet. Cette élaboration si ingénieuse et si adroite qui constitue la dernière scène du 4e. acte devient inutile et ne produit aucun fruit. Le roi en est pour sa peine et le poète en est pour son esprit. Cette double ressource ne mène à rien.

> Si tout ce qui s'est fait est trop peu pour un père,
> Dites par quels moyens il vous faut satisfaire.

Rodrigue ne manque ni de courage ni de bonne volonté. Il ne demande pas mieux que d'effacer la souillure dont il est couvert. Mais qu'on lui en indique les moyens. Malheureusement, d'après la manière dont le drame a été conçu, il n'y en a point, il n'y en aura jamais. Au reste, nous sommes toujours dans la même ambiguité que tout-à-l'heure. Le père est satisfait, plus que satisfait, relativement à la mort qu'il a reçue, dans un combat loyalement engagé, et que sa conduite avait rendu nécessaire. Le combat de Rodrigue avec Don Sanche était une superfluité, une satisfaction fastueuse. Sous ce rapport, il n'y a rien à faire. On n'en a que trop fait. Reste la question du mariage. Ici, la bienséance n'est point satisfaite : elle ne peut pas l'être. Rodrigue aurait beau vaincre la terre entière, et remporter toutes les victoires imaginables, il ne changera pas sa position. Il peut mériter d'épouser la fille d'un empereur; mais il sera toujours indigne de Chimène. Il y a là une fatalité, un mur d'airain qu'il ne peut pas franchir.

> Mais si ce fier honneur toujours inexorable
> Ne se peut apaiser sans la mort du coupable.

Nous sommes toujours dans l'équivoque, dans l'équivoque que Chimène a créée, et qu'elle a exploitée, depuis le second acte. La mort de Rodrigue est inutile ; elle serait injuste. Le sang du comte n'a pas besoin d'être vengé. Que Rodrigue vive, et qu'il vive longtemps. Ce que la bienséance demande, c'est qu'il n'épouse pas la fille de celui qu'il a tué.

> N'armez plus contre moi le pouvoir des humains,
> Ma tête est à vos pieds, vengez-vous par vos mains.

Nous voilà revenus aux sentiments et aux idées du 3ᵉ. acte. La situation est toujours la même. Le drame n'a pas fait un pas. Le nœud est aussi serré, le dénouement est aussi éloigné qu'ils l'étaient, l'un et l'autre, au moment où Rodrigue disait à Chimène :

> *N'épargnez point mon sang ; goûtez sans résistance*
> *La douceur de ma perte et de votre vengeance.*

La seule chose que nous ayons gagnée, c'est que Chimène ne peut plus poursuivre Rodrigue. Le drame se trouve donc débarrassé des entraves au sein desquelles il languissait par suite de cette persécution aussi injuste qu'inutile. La victoire de Rodrigue sur Don Sanche a mis un terme à l'équivoque sur laquelle nous avons vécu, depuis le milieu du second acte. La question du mariage va se poser nettement, et il nous semble, ainsi que nous l'avons déjà dit, qu'elle aurait pu le faire un peu plus tôt.

> Mais, du moins, que ma mort suffise à me punir :
> Ne me bannissez point de votre souvenir.

Rodrigue est toujours disposé à subir la mort, pour

contenter Chimène ; mais il demande à vivre dans son souvenir. Il suit de là que la passion de Rodrigue pour Chimène n'est ni moins profonde, ni moins exclusive que celle de Chimène pour Rodrigue. Les deux amants sont dignes l'un de l'autre. Nous disions tout-à-l'heure que Chimène épouserait Rodrigue, ou qu'elle n'épouserait personne. Ajoutons à cela que Rodrigue n'épousera jamais une autre femme que Chimène, et concluons que nos deux amants se marieront ensemble, ou qu'ils ne se marieront jamais. Voilà ce que nous pouvons recueillir de tout ce qui a été dit et fait jusqu'à présent. Se marieront-ils ensemble ? Telle est toujours la question.

> Et, puisque mon trépas conserve votre gloire,
> Pour vous en revancher conservez ma mémoire,

Le mot de *revancher* est devenu bas : on dirait aujourd'hui, *pour m'en récompenser (Voltaire)*. Se revancher signifie *prendre sa revanche*, et par conséquent *compenser une perte par un gain*, en d'autres termes, *se dédommager*. La traduction de Voltaire est donc fort inexacte ; elle fait dire à Rodrigue autre chose que ce qu'il dit ; elle n'a d'autre mérite que de se plier à la mesure du vers.

> Et dites quelquefois, en déplorant mon sort,
> « S'il ne m'avait aimée, il ne serait pas mort. »

Cela est vrai. La mort de Rodrigue ne peut être que l'effet de son amour pour Chimène ; car s'il ne l'aimait pas, il n'aurait point d'expiation à lui offrir. Ce dernier discours de Rodrigue est fort touchant et fort beau, même après ce que nous avons déjà entendu de lui ; mais sa situation est toujours la même. Il n'a pas fait un pas vers Chimène. L'amour et la passion n'y font rien. La gloire de Rodrigue n'y fait pas d'avantage. L'inconvenance est toujours là. La difficulté se dresse aussi haute et aussi infranchissable que jamais, et c'est ici que se révèle de nouveau le vice que nous avons déjà signalé, dans la conception de Castro, et dans l'imitation un peu trop scrupuleuse qu'en a faite notre grand Corneille. Le poëte n'a rien fait d'assez solide ni d'assez puissant pour lever l'obstacle que la mort du Comte oppose au mariage de sa fille avec son meurtrier.

> Il faut l'avouer, Sire,
> Je vous en ai trop dit pour m'en pouvoir dédire ;
> Rodrigue a des vertus que je ne puis haïr ;

Sans doute, il y a une chose dont Chimène ne peut plus se dédire, et cette chose c'est qu'elle aime passionnément Rodrigue. Sa passion est devenue le secret de la comédie. Tout le monde en a été largement informé. Son amour a éclaté d'une telle manière qu'elle ne peut plus le dissimuler, et l'une des scènes de ce dernier acte a eu précisément pour but et pour effet, de constater l'amour de Chimène pour Rodrigue, et de mettre cette passion dans son plus beau jour. Mais l'amour suffit-il pour motiver le mariage? N'y a-t-il pas des convenances morales à observer? Et là où ces convenances morales ne se rencontrent pas, qu'importe l'amour? Nous n'avançons donc pas du tout vers le dénouement, et il est fort à craindre que ce dénouement ne reste impossible.

> Et quand un roi commande, on lui doit obéir.

Ceci est fort honnête pour le roi, et témoigne d'une sujétion fort respectueuse. Observez cependant que Chimène ne dit pas qu'elle obéira. Il y a plus. Chimène a déjà dit à sa confidente qu'elle ne se croyait pas liée par la volonté du roi. D'ailleurs on n'est pas toujours obligé d'obéir à un roi. Encore faut-il que ce qu'il commande soit juste et raisonnable.

> Mais, à quoi que déjà vous m'ayez condamnée,
> Pourrez-vous à vos yeux souffrir cet hyménée ?
> Et quand de mon devoir vous voulez cet effort,
> Toute votre justice en est-elle d'accord ?

A la place des vers que nous venons de citer, les premières éditions du Cid portaient :

Mais à quoi que déjà vous m'ayez condamnée,
Sire, quelle apparence à ce triste hyménée,
Qu'un même jour commence et finisse mon deuil
Mette en mon lit Rodrigue, et mon père au cercueil ?

Par où l'on voit que, d'après cette première version, Chimène ne réclamait que contre la célébration immédiate de son mariage. Ce qui lui paraissait inconvenant, c'était de se marier le jour même ou le lendemain de la mort de son père. Et certes, sa réclamation était fort modeste. C'était la moindre chose qu'elle pût faire que de demander quelque temps de répit. Et c'est à cela que le roi répondait immédiatement :

Rodrigue t'a gagnée, et tu dois être à lui.
Mais quoique sa valeur t'ait conquise aujourd'hui,
Il faudrait que je fusse ennemi de ta gloire,
Pour lui donner sitôt le prix de sa victoire.

D'après cela, le dénouement de la pièce n'était point précisément le mariage des deux amants ; mais la perspective de ce mariage, et le consentement implicite de Chimène à ce qu'il se célébrât un peu plus tard. C'est là ce qui a fait crier à l'immoralité, par le motif assez plausible que le consentement au mariage, de la part de Chimène, et la certitude qu'il aurait lieu, étaient des choses non moins immorales, au fond, et, tout au moins, aussi révoltantes que la célébration immédiate. Et c'est sur la valeur et le sens de cette première leçon que portent les critiques de *Scudéri* et de *l'Académie*. Mais la leçon que nous avons maintenant sous les yeux change tout-à-fait la question, et nous ouvre de nouvelles perspectives. L'opposition de Chimène n'est plus temporaire et relative. Son objection est péremptoire et absolue. Grâce à cette importante variante, Chimène arrive enfin sur le terrain où nous aurions voulu la voir se placer dès le principe. Nous n'avions donc pas tort de dire que Chimène avait pris un mauvais chemin, en venant se jeter aux pieds du roi. Elle s'y prend un peu tard, comme on le voit, pour rentrer dans la bonne voie; mais enfin, l'y voilà engagée. Les réflexions qu'elle fait ici sont tellement justes et tellement frappantes, qu'elles auraient bien pu se présenter plus tôt à son esprit. Aussitôt après la mort du comte, la première idée qui devait la frapper, c'était que son mariage était devenu impossible. Elle ne devait pas s'arrêter à poursuivre Rodrigue, et à faire des vœux pour que sa poursuite n'eût aucun succès. Elle devait reconnaître qu'une pareille poursuite n'avait, de son propre aveu, aucune espèce de fondement; mais elle devait refuser sa main à Rodrigue. Chimène finit donc précisément par où elle aurait dû commencer; la difficulté dont il fallait triompher est évidemment restée tout entière et complètement infranchissable.

> Si Rodrigue à l'Etat devient si nécessaire,
> De ce qu'il fait pour vous dois-je être le salaire,
> Et me livrer moi-même au reproche éternel
> D'avoir trempé mes mains dans le sang paternel?

Il ne s'agit plus, comme on voit, de reculer le mariage.

Il s'agit d'un refus absolu et positif. L'objection est sans réplique. Les modifications introduites dans le discours de Chimène, depuis la première édition, changent complètement le caractère du dénouement, et semblent réagir sur tous les détails de la pièce, pour leur donner un autre sens et une autre portée. Chimène reconnaît enfin qu'il y aurait quelque chose de monstrueux dans son union avec Rodrigue, et elle expose fort bien les motifs qui s'opposent à cette union.

Il semble que ces derniers beaux vers que dit Chimène la justifient entièrement. Elle n'épouse point le Cid ; elle fait même des remontrances au roi. J'avoue que je ne conçois pas comment on a pu l'accuser d'indécence, au lieu de la plaindre et de l'admirer. Elle dit, à la vérité, au roi : *c'est à moi d'obéir* ; mais elle ne dit point *j'obéirai*. Le spectateur sent bien pourtant qu'elle obéira : et c'est en cela, ce me semble, que consiste la beauté du dénouement *(Voltaire)*. Voltaire est toujours préoccupé des attaques de Scudéri, et c'est à ces attaques qu'il répond. C'est faire beaucoup d'honneur à Scudéri. Mais il y a autre chose à faire, pour commenter le *Cid*, que de répondre aux sottes critiques de la haine aveugle et de l'ignorance jalouse. Il faut se mettre en face de la pièce, l'apprécier dans son ensemble et dans ses détails, et tâcher de s'initier aux mouvements progressifs de la pensée de l'artiste auquel nous sommes redevables de ce chef-d'œuvre. La note de Voltaire paraît avoir été rédigée d'après le texte que présentait la première édition. Cette note devient insuffisante, et, qui plus est, erronée, en face du changement considérable que ce passage a subi. Voltaire dit que Chimène n'obéit point ; mais qu'on sent pourtant qu'elle obéira. Cela pouvait se sentir d'abord ;

mais aujourd'hui cela ne se sent plus. Le mariage est absolument repoussé. Aussi dans cet état des choses, la première pensée qui s'offre à l'esprit est celle-ci : Les derniers vers que prononce Chimène suffisent bien pour justifier Chimène et Corneille, au point de vue de la moralité; mais ils ne justifient point Corneille au point de vue dramatique. Chimène élève un doute absolu sur la possibilité d'un mariage entre Rodrigue et elle. Elle n'indique en aucune manière qu'elle y donnera son consentement. Si le spectateur sent qu'elle obéira, c'est qu'il veut bien ajouter à ses paroles; mais, en réalité, nous sommes aussi loin du dénouement que nous l'étions au commencement du 3e. acte. Rien n'a été fait pour purger l'incapacité de Rodrigue, pour surmonter l'obstacle qui sépare les deux amants. Le nœud n'est pas dénoué, l'action dramatique n'a pas de fin. Telle est, disons-nous, la première pensée qui se présente, lorsqu'on réfléchit à l'importance du changement qui a été fait au dernier discours de Chimène; mais cette pensée-là n'est peut-être pas la dernière; c'est ce que nous allons bientôt examiner.

> Le temps assez souvent a rendu légitime
> Ce qui semblait d'abord ne se pouvoir sans crime.

Ceci est d'une moralité vague et par trop commode. On ne voit pas comment ce beau principe peut s'appliquer à la situation respective de Chimène et de Rodrigue. Le temps ne fera pas que Rodrigue n'ait point tué le comte de Gormas. Le temps, si on le laisse faire, conduira Chimène et Rodrigue à un âge où ils ne pourront plus se marier; voilà tout ce qu'il pourra faire pour eux; mais il ne rendra pas leur mariage plus sortable qu'il ne l'est en ce moment.

> Rodrigue t'a gagnée et tu dois être à lui.

Oui, si l'on s'en rapporte à l'ordonnance du roi ; mais cette ordonnance n'a pas eu le moindre succès. C'était un moyen un peu trop extrinsèque. Nous avons entendu Chimène dire à sa confidente que l'ordonnance du roi ne suffirait pas pour dompter sa volonté ; nous avons entendu Rodrigue déclarer très-positivement qu'il ne s'en prévaudrait point contre elle. L'ordonnance est donc comme non avenue. C'est un moyen tiré des entrailles de la situation qu'il fallait produire, et malheureusement il ne s'en est présenté aucun.

> Cet hymen différé ne rompt point une loi
> Qui, sans marquer de temps, lui destine ta foi.
> Prends un an, si tu veux, pour essuyer tes larmes.

Le dernier discours de Chimène a été modifié, comme nous l'avons vu, d'une manière très-remarquable et très-importante ; la réponse du roi n'a point été modifiée d'une manière analogue et concordante. Don Fernand se trouve donc répondre aujourd'hui à la première édition du discours de Chimène, mais il ne répond plus à la seconde édition de ce même discours. L'objection, telle que Chimène la formule maintenant, est sans réplique ; elle n'admet pas de réfutation.

> Rodrigue, cependant il faut prendre les armes.
> Après avoir vaincu les Maures sur nos bords,
> Renversé leurs desseins, repoussé leurs efforts,
> Va jusqu'en leur pays leur reporter la guerre,

Lorsqu'on donne à une fiancée un an pour sécher ses larmes, et qu'on envoie son amant à la guerre, c'est-à-dire qu'on l'expose à mille chances de mort, on peut dire que le mariage est singulièrement aventuré. D'après les propres paroles du roi, l'union de Rodrigue et de Chimène devient fort problématique.

> Mais, parmi tes hauts faits, sois-lui toujours fidèle ;
> Reviens-en, s'il se peut, encor plus digne d'elle ;
> Et par tes grands exploits fais-toi si bien priser,
> Qu'il lui soit glorieux alors de t'épouser.

Rodrigue sera toujours fidèle à Chimène. Il n'aimera jamais une autre femme. Sur ce point-là la recommandation du roi est inutile. Pour ce qui est du mariage, c'est différent. Le roi se fait illusion. Toutes les victoires du monde ne rendront pas Rodrigue plus digne de Chimène. Il ne sera jamais glorieux pour Chimène d'épouser le meurtrier de son père. Il y a dans la position un vice radical, un obstacle invincible. Cet obstacle n'est pas levé. Au premier coup-d'œil, la pièce n'a pas de fin légitime. Et en effet, la pièce ne peut pas finir, tant que Chimène n'a pas donné son consentement. Elle ne peut pas finir convenablement, tant que le consentement de Chimène n'est pas fondé sur quelque principe moral, sur quelque chose de plus solide que sa propre passion ou la volonté de Don Fernand.

> Sire, ce m'est trop d'heur de pouvoir espérer.

Rodrigue se contente de l'espérance, et il fait bien ; car il n'a qu'une espérance très-vague et très-incertaine. C'est une illusion que le poète ne veut pas lui ravir ; mais c'est une pure illusion. Les scrupules de Chimène ne sont pas levés. Son consentement n'est pas donné ; ou du moins, la seule circonstance dont on puisse induire son consentement, c'est qu'elle n'a point répliqué aux dernières paroles du roi. Mais Chimène a le droit de se dire : qui gagne temps, gagne tout. Puisqu'on ne la force pas à épouser Rodrigue sur-le-champ, et qu'on lui donne un an pour essuyer ses larmes, elle n'a pas besoin de se révolter ouvertement. Au bout d'un an, le roi, Rodrigue ou elle peuvent être morts; et alors pourquoi se tourmenter d'avance. Au fond, le mariage est indéfiniment ajourné, et, s'il se fait jamais, dans les termes même où la pièce laisse les deux amants, ce sera là une union monstrueuse et révoltante.

Pour vaincre un point d'honneur qui combat contre toi.

Le roi appelle les scrupules de Chimène *un point d'honneur*. L'expression ne nous paraît pas juste. Il y a là quelque chose de plus qu'*un point d'honneur*.

Laisse faire le temps, ta vaillance et ton roi.

Ce dernier vers, à mon avis, sert à justifier Corneille. Comment pouvait-on dire que Chimène était une fille dénaturée, quand le roi lui-même n'espère rien pour Rodrigue que du temps, de sa protection, et de la valeur de ce héros *(Voltaire)*? Corneille et Chimène sont justifiés, au point de vue de la moralité; mais on pourrait dire que Corneille n'est point justifié au point de vue dramatique. Le roi espère du temps, de sa protection et de la valeur de Rodrigue une chose que ces trois circonstances séparées ou réunies ne pourront jamais produire, la réhabilitation de Rodrigue, aux yeux de Chimène. Le mariage ne se fait pas: voilà ce qui sauve la moralité; il est renvoyé aux Calendes grecques, voilà ce qui semble compromettre la conception dramatique. La pièce ne finit pas, et la seule fin que nous puissions prévoir et supposer n'est pas une fin convenable. Après plusieurs actes de pourparlers, de discussions, d'explications et d'incidens, nous ne sommes pas plus avancés qu'au commencement de la tragédie. Ce n'est que vers la fin du 5e. acte que nous sommes arrivés aux sentiments et aux idées par lesquels il fallait débuter. Les scrupules de Chimène pour une union monstrueuse, entre elle et le meurtrier de son père, voilà la difficulté qu'il ne fallait pas reculer pour la laisser debout et tout entière, à la fin de l'action. Il fallait la saisir et l'étreindre, dès le principe; et, dès ce moment, il fallait inventer des ressorts ou faire naître des circonstances d'une telle nature que Chimène pût enfin être amenée à donner sa main au meurtrier de son père, sans éprouver les justes scrupules auxquels nous venons de la laisser en proie. Voilà ce qu'il y avait à faire, dans le cas où l'on eût voulu que le dénouement fût conforme à la tradition; et que la pièce française reproduisît tous les errements de la pièce espagnole dont elle est l'imitation; et voilà ce qu'on peut dire pour établir que le *Cid* français n'a pas de dénouement légitime, et qu'il n'est pas fini. Mais s'il est permis de faire une conjecture, et de nous livrer à une hypothèse qui nous paraît parfaitement plausible, nous dirons que le *Cid* est bien fini, et que, pour ne pas avoir ce dénouement banal et vulgaire que le spectateur semble attendre et prévoir, il n'en est pas moins dénoué d'une manière aussi profonde qu'originale. Le véritable dénouement du *Cid*, c'est, il nous semble, que le mariage entre Chimène et Rodrigue est radicalement impossible, et qu'il ne se fera jamais. Le poète n'a pas voulu le dire crûment; mais il l'a suffisamment donné à entendre. Corneille a très-bien compris qu'il n'y a ni raison ni motif qui puisse amener une jeune fille à épouser le meurtrier de son père, quel que soit d'ailleurs le mérite de ce meurtrier, et quelque passion qu'elle éprouve pour lui. Telle est sans doute la vérité qu'il a voulu nous laisser deviner. Il a suivi le drame de Guilhem de Castro; il en a reproduit et amplifié les plus heureux détails; mais, arrivé au dénouement, il l'a opéré d'une autre manière, et n'a pas craint de résister à l'autorité de son prédécesseur, et même à l'autorité de la tradition. Le mariage de Chimène avec Rodrigue, en supposant qu'il ait eu lieu, ne peut s'expliquer que par les mœurs barbares du onzième siècle. Au point de vue d'une civilisation plus parfaite, il est radicalement impossible, et, dans le *Cid* français, ce mariage ne se fait point. Dès lors, tous les détails de la pièce semblent prendre une autre valeur, et ne laissent pas que d'offrir les plus ingénieuses combinaisons. C'est en vain que Chimène a équivoqué sur la mort de son père, et sur la vengeance qui lui était due. C'est en vain qu'elle a dissimulé d'abord, et ensuite avoué sa passion pour Rodrigue. C'est en vain qu'elle l'a exposé aux coups de Don Sanche. Rien de cela n'a pu détruire le résultat d'une catastrophe fatale et irréparable. La situation a été attaquée du point de vue sérieux et du point de vue plaisant. La tragédie et la comédie y ont épuisé leurs efforts. Rien n'a pu réhabiliter Rodrigue, à l'égard de Chimène. Le roi Fernand y a compromis son autorité; l'infante y a sacrifié sa propre passion; Don Sanche s'est retiré devant l'amour de Chimène pour Rodrigue. Rien n'y a fait: le mariage est demeuré impossible. Et cependant il a été constaté que Chimène aimait Rodrigue, et qu'elle n'aimerait jamais que lui. Il a été constaté que Rodrigue aimait Chimène, et qu'il n'épouserait jamais une autre femme. Que conclure de là, sinon que les deux amants ne se marieront jamais? Chimène et Rodrigue sont condamnés à un célibat éternel. Voilà la conclusion qui ressort de la pièce française; et, hâtons-nous de le dire, cette conclusion est parfaitement satisfaisante, au point de vue de la morale et de l'art. Et, en effet, c'est bien là la position que doivent prendre deux fiancés tels que Chimène et Rodrigue qui, s'étant mutuellement donné leur foi, et sur le point de s'unir à jamais se trouvent séparés l'un de l'autre par une catastrophe imprévue. Voilà, ce nous semble, une belle manière de comprendre le *Cid*, et de lui assigner une fin. Mais cette manière est-elle aussi bonne qu'elle nous paraît belle? Que Corneille ait réellement entendu ainsi le dénouement de son chef-d'œuvre, c'est ce que nous ne prendrons pas sur nous d'affirmer. Tout ce que nous croyons pouvoir avancer sans hésitation, c'est qu'il pouvait très-bien l'entendre ainsi, comme moraliste et comme poète.

www.ingramcontent.com/pod-product-compliance
Lightning Source LLC
Chambersburg PA
CBHW060131170426
43198CB00010B/1116